跟着爸妈去旅行

朱晓东 主 编

周春茹 孙玉平 副主编

华北
Huabei

中国卷

读万卷书,行万里路。

和丢丢一起做个小小旅行家和"百事通"吧!

天津出版传媒集团

天津人民出版社

图书在版编目（CIP）数据

带着爸妈去旅行.中国卷.华北／朱晓东主编.－－
天津：天津人民出版社，2016.1
ISBN 978-7-201-10056-2

Ⅰ.①带… Ⅱ.①朱… Ⅲ.①旅游指南－华北地区
Ⅳ.① K919

中国版本图书馆 CIP 数据核字 (2016) 第 010001 号

dài zhe bà mā qù lǚ xíng
带着爸妈去旅行
zhōng guó juàn　huá běi
中国卷·华北

出　　版	天津人民出版社
出版人	黄　沛
地　　址	天津市和平区西康路 35 号康岳大厦
邮　　编	300051
邮购电话	（022）23332469
网　　址	http://www.tjrmcbs.com
电子邮箱	tjrmcbs@126.com
责任编辑	周春玲
装帧设计	至强设计
制版印刷	福建省天一屏山印务有限公司
经　　销	新华书店
开　　本	620 毫米 ×1000 毫米　1/12
印　　张	8
字　　数	100 千字
版次印次	2016 年 1 月第 1 版　2016 年 1 月第 1 次印刷
定　　价	19.80 元

前 言

　　小朋友们，你想成为旅行家吗？你想对全世界的风景名胜、风土人情、特产美食了如指掌，成为"百事通"吗？

　　如果真这么想，你就是超棒的孩子。你知道吗？美国新劳动力技能委员会已经把"了解整个世界"作为小朋友必备的4种"21世纪的技能"之一。是的，只有了解世界，眼界才会开阔，思想才能放飞，正如美国哈佛大学的一位校长所说："一个人生活的广度决定他的优秀程度。"那么，如何了解世界、扩展生活的广度呢？一要读万卷书，二要行万里路。"行万里路"，就是旅行。利用假期，背起行囊，乘飞机、搭火车、坐轮船，去看风景、赏名胜、品美食，做一个小小旅行家和"百事通"，将是小朋友出类拔萃的开始。

　　也许，有些小朋友会说："我特想去旅行，可不知该去哪里。"

　　不用着急！你面前的这套《带着爸妈去旅行》图书将是最贴心的"导游"！

　　这套图书专为7~12岁小朋友量身打造。它以讲故事的形式，用精美的图画和风趣的语言告诉小朋友：世界上哪里的风景名胜特别好看，哪里的游乐设施特别好玩儿，哪里的特产美食特别好吃，哪里的传说故事特别有趣……

　　故事的小主人公丢丢不仅是小旅行家和"百事通"，还特别"能"。通常我们都是跟着爸妈去旅行，对吗？可是，丢丢则不同，每次总是由他带着"大熊爸爸""丸子妈妈"和宠物狗黑豆去旅行。结果，一路上插曲不断，趣事连连。

　　小朋友们，赶紧行动吧！像丢丢一样，利用假日，带着爸妈，潇洒地"驴行天下"吧！记住：没有什么比在旅途上更能倾听到自己的内心。请相信，《带着爸妈去旅行》不仅是贴心的导游，更是知心的朋友。

编　者

2016 年 1 月

人物介绍

大熊爸爸

　　因为他姓熊，又长得胖乎乎的，所以大家都叫他大熊，丢丢平时叫他大熊爸爸。大熊爸爸是中学历史老师，知识渊博，常和丢丢谈论一些人文历史方面的知识。

丸子妈妈

　　因为与大熊爸爸相比，妈妈身材娇小玲珑，又留了一个童花头，所以，丢丢喜欢叫她丸子妈妈。丸子妈妈是小学语文老师，喜欢读书、写作，说起话来柔柔的、甜甜的，做事也特别细心。

丢丢

　　本名熊一涵，是个活泼开朗的三年级小学生。他兴趣广泛，爱好踢球、画画、唱歌、下围棋。他还特别喜欢看童话故事，丢丢这个名字是他给自己取的。

黑豆

　　丢丢家一只可爱的宠物犬。黑豆喜欢跟大熊爸爸和丢丢玩，但特别害怕丸子妈妈，因为丸子妈妈经常呵斥它，不许它爬上床。

目 录

目 录

北京
Beijing

丢丢的古代要塞探奇之旅——八达岭长城

　　丢丢是个小·军事迷,他利用假期和爸爸妈妈一起来到天下闻名的八达岭长城,开始了古代军事要塞探奇之旅。

宛如巨龙的八达岭长城

　　来到八达岭,望着依山而建的长城,丢丢问:"爸爸,这么巨大的工程是什么时候建成的?"大熊爸爸说:"这是明朝弘治十八年,也就是1505年修建的,是现存最完好的明长城。"

景点介绍:

　　八达岭位于北京延庆县,最高峰海拔约1000米,自古就是兵家必争之地。自春秋战国起,岭上就开始修筑长城。现存的八达岭长城是明代所建,蜿蜒在崇山峻岭之间,曲折绵延,宛如巨龙。"不到长城非好汉"的好汉石就在八达岭长城的最高处。

北门锁钥的关城——瓮城

黑豆一溜儿小跑，丢丢紧跟着，来到关城上，指着东南两段"U"形城墙问："爸爸，那是什么？"大熊爸爸说："那就是瓮城，是很重要的防御工事。"

景点介绍：

八达岭长城建有两座关城，西面的一个叫"北门锁钥"，东面的一个叫"居庸外镇"。它们分别是瓮城的两门，间隔 63.9 米，以城墙相连。瓮城在海拔 600 米处依山而建，面积 5000 平方米。八达岭长城的关城名为"北门锁钥"，出自北宋名相寇准之口，表明其战略的重要性。

趣味故事：

奥巴马当了一回真"好汉"

2009 年 11 月 18 日，美国总统奥巴马在中国驻美大使的陪同下，共登上了八达岭长城的三个烽火台，最远到达北三烽火台，当了一回真正的"好汉"。整个参观过程用了 25 分钟左右，奥巴马非常开心，他体力充沛，是八达岭长城 37 年来接待的 5 位美国总统中登城距离最长的一位。

威力巨大的古炮

来到古炮台，看见五尊铁炮，丢丢异常兴奋。他看见最大的一尊炮上还刻着字，是繁体的，他认不全，便问道："妈妈，这上面写的什么啊？"丸子妈妈念道："敕赐神威大将军。"

景点介绍：

在八达岭关城内登城入口处的马道旁，陈列着一大四小共五尊铁炮。最大的炮有 2.85 米长，口径 105 毫米，炮身上刻有"敕赐神威大将军"的字样，在当时它是非常先进的重型武器，威力巨大，可以打中 1000 米外的目标。当年，正是这些精良的武器装备，在守卫长城上发挥着重要的作用。

点击历史：

八达岭名称的由来

关于八达岭名称的由来有很多种说法，其中《长安客话》中的解释是这样的："路从此分，四通八达，故名八达岭。"这种说法比较可信，因为八达岭在古代的确是极为重要的交通要道和防卫前哨，被称为"京北第一屏障"。

传递敌情的墩台

丢丢和黑豆抢先登上了碉堡似的墩台。丢丢问："爸爸，墩台有什么用？"大熊爸爸说："古人用它来传递情报，类似现代的军用电台。""那怎么使用它呢？"丢丢追问道。大熊爸爸打开话匣子，详细地介绍起来。

景点介绍：

墩台也就是烽火台，在八达岭长城外有两座墩台，分别修建在东山和西山上。墩台是长城重要的防御工事，每个墩台上有五个烽火墩，如果有敌情，一台一台依次燃放，敌情就可以较快地传递到指挥机构了。在白天燃烟，称为"燧"；晚上点火，称为"峰"。

慈禧驻足的望京石

下长城后，黑豆蹦蹦跳跳地来到一块巨石旁，丢丢跟了过去，见到石上刻有"望京石"三个字。丸子妈妈说："慈禧太后曾在此眺望北京呢。""真的吗？"丢丢问。大熊爸爸说："不一定，或许只是个传说。"

景点介绍：

望京石也叫望乡石，是一块长7米、高2米的巨大石头，横卧在关城"居庸外镇"的路旁，石头上刻着"望京石"三个大字。小朋友们知道吗，在石头上还有两个大大的深深的脚印呢！关于望京石最著名的传说，是慈禧为了躲避八国联军逃出紫禁城后，在此遥望北京，所以人们叫它"望京石"。

指挥重地——岔道城

登上岔道城，丢丢问："爸爸，这个城堡有什么军事用途呢？"大熊爸爸说："这里曾是'北门锁钥'关城的前哨指挥部，当时由三名指挥官带领八百士兵驻扎在此。"丢丢认真地听着爸爸的讲解。

岔道城是明代重要的军事设施，建于嘉靖三十年（1551），依山而建，由石条、城砖、石灰和夯土筑成，长449米，宽185米，高8.5米，城上有垛口、望口，南城墙有两座烽火台。东门和西门的城楼上分别挂有"岔东雄关"和"岔西雄关"的门额。小朋友登上城墙，居高远望，可将岔道古城尽收眼底。

陈列丰富的中国长城博物馆

站在中国长城博物馆前，大熊爸爸提议："我们应该进去看看，那样可以更加全面地了解长城的历史和文化。"丸子妈妈点点头。于是，丢丢一家走进了博物馆。

参观完中国长城博物馆，丢丢一家结束了要塞探奇之旅，丢丢学到很多古代军事知识，非常开心。

位于北京八达岭长城脚下的中国长城博物馆，是展示长城历史和文化的专题性博物馆，里面陈列丰富，集可视性和趣味性于一体。在这里，随处可见"雄关""隘口""风燧""敌台"等逼真的模型，可以看到各式各样的古代城防兵器，还可以看到月高科技手段模拟出来的在长城上进行战斗的场景，非常生动有趣。

旅行贴士

在长城观光时，碰到比较险峻的地段，不要冒险去攀越。在比较陡的地方要手脚并用。要牢记人身安全才是最重要的。

在游览长城的过程中边走边看，很容易因分散注意力而导致失足，因此，看景时不要走路，而走路时要多关注脚下。

丢丢的皇宫探秘之旅——故宫博物院

利用国庆小·长假，丢丢一家带着黑豆开始了皇宫探秘之旅，来到北京故宫博物院。他们选择经过紫禁城内的金水桥进入太和门开始参观的线路。

最大的宫门——太和门

穿过金水桥，来到太和门广场，丢丢指着一座高大的宫门问："爸爸，那就是太和门吗？"大熊爸爸点点头。丢丢带着黑豆，欢快地跑向太和门。

景点介绍：

太和门是故宫里最大的宫门，建筑面积有 1300 平方米，始建于明永乐年间，开始叫作奉天门，后来又改叫皇极门。目前，小朋友们看到的这座门于1889 年重建，重檐叠瓦，彩绘梁柱，气势恢宏。门前一对铜狮子，高大威武，是故宫六对铜狮中最大的一对。

金碧辉煌的太和殿

穿过太和门，来到太和殿，大熊爸爸被大殿里的精美彩绘深深地吸引住了。他指着大殿匾额"建极绥猷"向丢丢介绍道："这是乾隆皇帝御笔手书的仿品，原件被袁世凯换下来后弄丢了。"丢丢气愤地说："袁世凯真讨厌！"

景点介绍:

"三大殿"之一的太和殿,也叫金銮殿,建成于明永乐十八年(1420),曾经多次遭到焚毁,又多次重建,现在看到的这座大殿建于清康熙三十四年(1695),是中国现存最大的木结构大殿。大殿雕梁画栋,金碧辉煌,令人震撼。

体现中庸的中和殿

穿过太和殿来到中和殿,丸子妈妈向丢丢讲解着"太和"二字的意思,她说:"《中庸》上说:'中也者,天下之本也;和也者,天下之道也。'这是中国传统文化的根本。"丢丢似懂非懂地边听边看。

景点介绍:

"三大殿"之一的中和殿是皇帝在举行大典之前休息的地方。大殿高 29 米,在"三大殿"中面积最小,始建于明永乐十八年(1420),嘉靖年间被焚后重建。殿名原为"中极",清朝皇帝入主紫禁城后,改为"中和"两字,取自《礼记·中庸》。

科举考场——保和殿

离开中和殿,来到保和殿,大熊爸爸向丢丢介绍道:"这座大殿是皇帝宴请新疆、蒙古等外族王公的宴会厅,公主出嫁时也在此举办宴会。从乾隆五十四年(1789)开始,每四年在此举行一次殿试。"

景点介绍：

保和殿是"三大殿"中的最后一殿，建成于明永乐十八年（1420）。之后多次被焚毁，又多次重建。保和殿最初叫谨身殿，清顺治二年（1645）改名为保和殿。"保和"典出《易经》，意思是说，要保持事物之间的协调关系。这座大殿，是皇家的国宴厅和科举殿试的考场。

趣味故事：

刘伯温监造皇宫

传说刘伯温修建北京城皇宫时，皇帝总想多盖些房间。刘伯温对皇上说，自己梦见玉皇大帝下旨说，凡间皇宫不能超过10000间，还要请三十六金刚、七十二地煞保护，才能够风调雨顺、国泰民安。皇帝信以为真，命刘伯温负责监造皇宫。结果，刘伯温顺利完成任务，监造宫室9999间半，宫殿门口摆着的36口包金大缸就是三十六金刚，故宫72条地沟是七十二地煞。

皇帝睡觉的地方——乾清宫

穿过乾清门，进入乾清宫，丢丢一眼看见"正大光明"匾，兴奋地说："这个简直太熟悉了，电视剧里经常看到。"大熊爸爸笑着说："凡是清宫剧都有这块匾。"

景点介绍：

乾清宫是故宫内廷正殿，位于乾清门内，高20米，始建于明永乐十八年（1420），几经焚毁、重建。乾清宫分为中殿、东暖阁和西暖阁三部分。这里是皇帝居住和处理日常政务的地方。中殿正中悬挂着"正大光明"匾，这四个字是清朝皇帝的祖训。宫名中的"乾清"二字含有天下安定的意思。

皇后睡觉的地方——坤宁宫

走出乾清宫，过交泰殿，进入坤宁宫，丸子妈妈说："据说，皇帝大婚后要在这里居住3天，才可以搬到其他地方居住。"大熊爸爸补充说："康熙、同治和光绪三位皇帝就是在这里大婚的。"丢丢边听边记在了心里。

景点介绍：

坤宁宫位于交泰殿后，是故宫后三宫之一，始建于明永乐十八年（1420）。

这里是皇后居住的地方。宫名典出《道德经》，"坤"是"地"的意思，"宁"是"宁静"的意思，"坤宁"二字是指皇后母仪天下，应有大地一样安忍宽广的胸怀。

皇家报时台——神武门

看过御花园、堆秀山、延辉阁等景点后，丢丢一家走出了神武门。大熊爸爸指着神武门上"故宫博物院"几个字，说："这是郭沫若先生的手迹。来张合影吧。"丢丢马上抱起黑豆，摆出姿势，丸子妈妈按下了快门。

走出神武门，丢丢一家结束了皇宫探秘之旅。通过这次游览，丢丢觉得学到了不少知识。

景点介绍：

神武门是紫禁城的北门，也是建于明永乐十八年（1420）。明代曾叫"玄武门"，到了清朝，玄烨做了康熙皇帝，为了避讳，将宫门改称"神武门"。这里原来的门楼上设有报时用的钟鼓，每天早晨鸣钟，晚上击鼓，为皇帝和妃嫔们报时。根据清朝祖制，选秀女、将嫔妃迎入宫中都要经过这个门。门外上方的匾额"故宫博物院"为著名历史学家郭沫若于1971年题写。

旅行贴士

到故宫游览，要尊重文化遗产，保护文物古迹，不要在古建筑和古树上刻写"某某到此一游"之类的字样，因为这是非常不文明的行为。

在展厅参观的过程中，按照规定，不要使用闪光灯和三脚架进行拍照，以免影响展厅里其他人的参观活动。

15

丢丢的皇家园林寻美之旅——颐和园

经过三个月的准备,丢丢的皇家园林寻美之旅终于启程了。第一站便是世界上现存规模最大的皇家园林——颐和园。

根据事先设计的游览线路图,丢丢带着爸爸妈妈和黑豆从新建的宫门入园。

园中明珠——昆明湖

一望无际的昆明湖就像一颗蓝宝石。风轻轻拂过,湖面漾起了粼粼的波光。大熊爸爸拿出相机,让丸子妈妈和丢丢来个合影,丢丢忙抱起黑豆伸出手指摆了个"耶"的姿势,丸子妈妈笑得像一朵桃花。

景点介绍:

昆明湖是颐和园中最大的一个景区,湖水清澈,湖面宽广,面积约占颐和园的 3/4。整个湖被西堤划分为湖东堤和湖西堤两个景区,有知春亭、廊如亭等景点。

长虹卧波——十七孔桥

丸子妈妈笑眯眯地问丢丢:"看看这十七孔桥,像什么呀?"

"像……像天上的彩虹!"丢丢歪着脑袋回答。

"传说,这座桥是幸福快乐的象征。"

丸子妈妈说。

丢丢迫不及待地拉起爸爸妈妈的手走上了十七孔桥。黑豆也紧紧地跟在他们的身后。

景点介绍：

十七孔桥全长 150 米，是我国皇家园林中现存最长的桥，因有 17 个券洞而得名。十七孔桥非常美观，它的桥头和桥栏望柱上雕刻着 500 多只形态各异的石狮。

镇守大将军——铜牛

丢丢轻轻地抚摸着铜牛头上的角，突然看到牛背上有好多字。这些字好怪啊，丢丢一个都不认识。

大熊爸爸看到丢丢满脸疑惑的样子

得意极了，他告诉丢丢，这是乾隆皇帝写的字，是篆体，所以丢丢不认得。

"那为什么要在这里摆一头牛呢？"丢丢打破沙锅问到底的精神又来了。

"这个嘛，你回去自己查查资料就知道啦！"大熊爸爸故意卖了个关子。

景点介绍：

铜牛铸造于 1755 年，制作精美，栩栩如生。牛背上铸有乾隆撰写的八十字篆体铭文——《金牛铭》。除了点缀景色，这座铜牛还有镇水的意义。

趣味故事：

大禹铸牛镇服水怪

大禹是家喻户晓的治水专家，"三过家门而不入"。传说有一次发大水，把老百姓的房屋、田地都淹没了，大禹让人用铁铸了一头大铁牛，把它牢牢地沉入水中，结果真的平息了水患。从此，大禹每治好一处水患，便铸造一条铁牛沉入河底，他认为牛识水性，能制服水怪，可防止河水泛滥。

似真似幻的石舫

游完昆明湖，丢丢和爸爸妈妈乘船来到石舫。

丢丢站在舫头，环顾四周，突然觉得石舫似乎动了起来，正带着他在昆明湖上尽情畅游呢。"孤帆远影碧空尽，唯见长江天际流。"丢丢脱口而出，这是丸子妈妈前几天教他背过的唐诗。

景点介绍：

颐和园石舫又名清晏舫，是我国现存最大的古代石舫。石舫船身是用巨石雕砌而成的，形似真的船，全长 36 米，有两层木质结构的船舱，两侧有机轮。石舫是颐和园中唯一的一座中西合璧的建筑。

世界上最长的长廊

从石舫上岸，再往前走，就来到了艺术长廊。丢丢立刻被坊梁上的图案和书画迷住了。黑豆也蹲在地上，安静地抬头望着。

"这是世界上最长的长廊，已列入吉尼斯世界纪录。"爸爸告诉丢丢。

景点介绍：

长廊全长 728 米，分为 273 间。长廊中间还建有四座八角重檐的亭子，分别代表着春、夏、秋、冬四个季节。坊梁上有古代画家的名画，有题诗题词，还有人物花草鸟兽，到处都洋溢着一种古色古香的味道，堪称建筑学和美学交织的奇迹。

金碧辉煌的佛香阁

在长廊中稍作休息后，丢丢和爸爸妈妈来到了佛香阁。

丢丢第一次见到那么多形态各异的菩萨，有爱笑的弥勒佛，有拿着净瓶的净瓶菩萨，有贪睡的卧地佛，还有一尊最大的地藏王佛，他身上镀着金子，金光闪闪。看着这些慈眉善目的菩萨，丢丢在心里暗暗祈祷：愿你们保佑我们全家平安快乐。

景点介绍：

佛香阁高 36.44 米，前面正对着昆明湖。阁内一层供奉着铜铸金裹千

手观世音菩萨站像，像高5米，重达万斤。佛香阁也是颐和园的标志性建筑之一。

活色生香的苏州街

从佛香阁出来，丢丢的肚子唱起了"空城计"。黑豆也饿得无精打采了。于是，丢丢提议去苏州街逛逛，顺便尝尝北京的知名小吃。

肚子吃饱了，美景看饱了，丢丢的"皇家园林寻美"之旅也终于圆满地画上了句号。丢丢把这种心满意足的幸福感深深地藏在了心里。

景点介绍：

苏州街全长约300米，街上共有60多家店面，分别为酒楼、茶馆、当铺、钱庄、药店、染房、印书局、官府店、织布所、评弹厅、各种小吃店等。苏州街原是乾隆皇帝及其母后、妃子们游玩的临水商业街，现在仍旧保留着当时的店铺招牌、幌子等。

号外链接：

慈禧爱吃芸豆糕

一个炎热的夏天，慈禧太后在静心斋乘凉，隐隐约约听到宫墙外有敲着铜锣叫卖芸豆糕的声音，便将小贩召进了宫中。小贩的芸豆糕色泽雪白，质地柔软，吃在嘴里香甜爽口，软而不腻，慈禧觉得很好吃，就下令把小贩留在宫中专门为她做芸豆糕。

旅行贴士

游览前必做的功课：1.画好游览线路图；2.带好充足的食物和水；3.初步了解旅游城市及旅游景点的有关内容。

游览时一定要认真看、静心听、用心记。

丢丢的皇陵探幽之旅——明十三陵

经过一段时间的休整,丢丢和爸爸妈妈一起,带着黑豆又启程了,他们来到了位于北京昌平区的明十三陵,开始了皇陵探幽之旅。

闻名世界的明十三陵

站在明十三陵景区前,丢丢问:"这里有十三座陵墓,看得完吗?"大熊爸爸笑了,说:"不用担心,目前这里只开放长陵、定陵和昭陵。"丸子妈妈说:"那好,就看这三陵。"

景点介绍:

明十三陵就是明朝十三位皇帝的陵墓,按照建造顺序依次是长陵、献陵、景陵、裕陵、茂陵、泰陵、康陵、永陵、昭陵、定陵、庆陵、德陵、思陵,其中明成祖朱棣的长陵是建造最早、规模最大的一座陵墓。小朋友们除了看长陵和昭陵,还可以去定陵地宫探幽。

全国最大的石牌坊

站在高大的石牌坊下,丢丢仰头指着石牌坊上的石雕问:"爸爸,那是什么啊?"大熊爸爸也仰头仔细看了看,说:"是龙云纹,还有麒麟和狮子。"

景点介绍:

石牌坊是明十三陵陵门,非常气派,约16米高,35米宽,一共有六根柱子,由巨大的汉白玉构件组成,精美的石雕工艺,令人叹为观止。这座六柱彩绘超大石牌坊是整个十三陵景区的第一座醒目建筑。站在石牌坊下,你一定会被其恢宏的气势所震撼。

至此下马的大红门

　　穿过石牌坊，迎面是大红门，黑豆在前面一路小跑，丢丢紧跟其后。丸子妈妈说："要知道，在过去，百姓是不许擅进这道门的。"大熊爸爸点头说："嗯，那时连官员进去都得步行。"

景点介绍：

　　大红门也叫大宫门，是明十三陵园区的正门。在大门的两旁竖立着石碑，上面雕刻着一行字："官员人等至此下马"。要求所有人从这里开始，必须步行进入，因为这样做能够体现出皇陵的尊严。在大红门后面，有一条长长的神道通向陵区深处。

重檐高大的碑亭

　　来到神道中央的碑亭，丢丢看见一块大石碑，问："妈妈，这上面写的是什么啊？"丸子妈妈说："这是明代著名书法家程南云的手迹。"大熊爸爸凑近碑文，仔细看了起来。

北　京

景点介绍：

　　碑亭坐落在神道中央，是为长陵修建的一座方形亭楼，亭里立着一块6米高的石碑，碑名为"大明长陵神功圣德碑"，正面碑文总共3500字，在碑文中算是长篇大论。在碑亭四角建有四根石质华表，红色碑亭和白色华表给人庄重浑厚的感觉。

趣味故事：

刘罗锅用计护石人

　　相传，乾隆皇帝看中了明十三陵神道旁的石人石兽，想搬进自己的陵园，便派宰相刘罗锅前去办理。刘罗锅不忍毁坏十三陵，便暗地派人连夜在石人石兽身上留下毁损的痕迹。第二天，刘罗锅带着随从前去查看，他故意说："石人石兽都残破了，怎能给皇上用？"随从信以为真，随刘罗锅回京复旨，告诉乾隆皇帝，石人石兽都已残破，不能用。就这样，石人石兽被保住了，但都有些破损。

规模宏伟的长陵

　　来到长陵，丢丢问："爸爸，这里埋葬的是哪个皇帝？"大熊爸爸说："这是明成祖的陵墓。""明成祖是谁？"丢丢追问道。大熊爸爸回答："他是朱元璋的儿子朱棣，是一位很有作为的皇帝。"

景点介绍：

　　长陵是明成祖朱棣和他的皇后的合葬陵，坐落在天寿山主峰的南麓，占地面积约12万平方米。在明十三陵中，长陵堪称"六最"，即建筑时间最早、面积最大、规模最宏伟、工艺最考究、保护最完整。长陵是陵区中最重要的景点之一。小朋友们一定知道，明成祖朱棣是一位有雄才大略的皇帝。

号外链接：

朱棣回乡励志

　　明成祖朱棣17岁时，朱元璋准备让他到外地做藩王。为了锻炼他，朱元璋让朱棣回到安徽凤阳老家住了三年，因为那里是朱元璋小时候为大户人家放牛放羊的地方。这里的老百姓生活很苦。回老家的三年对朱棣产生了很大影响，使他磨炼了意志，了解了民情，为他后来建立基业奠定下了坚实的基础。

开放地宫的定陵

来到定陵，大熊爸爸说："这里的地宫是开放的。"丸子妈妈点点头，说："听说下面有很多精美贵重的陪葬品。"丢丢一听，兴致勃勃地说："我真想去地宫探幽。"于是，丢丢一家向地宫走去。

景点介绍：

定陵是明朝万历皇帝朱翊钧和他的两位皇后的合葬陵，坐落在大峪山下，占地面积18万平方米，是十三陵中最大的三座陵园之一。墓室埋在地下27米深处，由5个殿堂联结组成。小朋友们知道吗，定陵地宫是十三陵中唯一可以参观的地下陵寝。

保存完整的昭陵

来到位于大峪山东边的昭陵，大熊爸爸说："这里埋着昏庸的隆庆皇帝。他登基6个月便不愿过问朝政。""这个家伙的确够昏庸！"丢丢摇着头说。丸子妈妈表示也有同感。

参观完昭陵，丢丢一家便结束了皇陵探幽之旅。这一次游览，丢丢获得了很多在书本上都学不到的历史知识。

景点介绍：

昭陵坐落在大峪山东麓，是明代隆庆皇帝朱载垕和他的三位皇后的合葬陵寝，建筑面积35000平方米，陵墓的祾恩门、祾恩殿和东西配殿，以及方城、明楼和宝顶等都保存完整，是目前十三陵中第一座大规模复原修葺的陵园，也是对游人开放的三座陵园中的一座。

旅行贴士

1. 在明十三陵游览，根据规定，千万注意不要攀登陵墙、围栏、明楼等建筑物。

2. 不要以风景名胜中的陵墓为背景合影。

3. 明十三陵景区是非吸烟区，严禁一切烟火，所以，在陵区游览的小朋友们一定要记着叮嘱自己的爸爸或者爷爷：千万不要吸烟。

丢丢的祭天礼仪探访之旅——天坛公园

假期的第二天,丢丢早早就醒了,他拉起熟睡中的爸爸妈妈,说:"今天我们去天坛公园吧!"

根据事先制定好的路线图,他们从天坛南门入园。

皇家祭坛——天坛

在天坛公园南门前,丢丢抱着黑豆和爸爸妈妈一起照了一张合影,然后放下黑豆,蹦蹦跳跳地率先进了天坛公园。

景点介绍:

天坛是皇帝祭祀皇天、祈求五谷丰登的地方,占地 273 万平方米,分为内坛和外坛两部分。内坛以丹陛桥为中轴线,桥南有圜丘、皇穹宇;桥北有祈年殿、皇乾殿;附属建筑有神乐署、斋宫等。外坛为林区。小朋友们知道吗,早在 1918 年,天坛就成为公园,供普通百姓游玩了。

点击历史:

天坛的伤痛

1900 年,八国联军攻进北京城,在天坛斋宫内设立司令部,在圜丘上架起大炮,攻击正阳门和紫禁城。之后,这些侵略者将天坛的文物、祭器席卷一空,天坛内的建筑、树木也惨遭破坏。这是天坛的伤痛,更是中国人民不能忘记的耻辱。

祭天圆坛——圜丘

在圜丘前,丢丢兴奋地说:"妈妈,快看！这多像一个大蛋糕啊！"丸子妈妈被逗笑了,看着这个被汉白玉围住的三层圆坛,她说:"对,还是个三层的蛋糕呢！"

景点介绍:

圜丘在天坛南半部,是皇帝祭天的地方,又叫祭天坛,也是天坛公园的主要景点之一。它是一个三层的大圆坛,高 5.17 米,最下层的直径为 54.92 米,上层直径为 23.65 米,每层有四个出口和九级台阶,中央最高处叫祭天台。这种造型象征"天圆地方"。

神奇的墙——回音壁

来到皇穹宇院,丢丢被神奇的回音壁吸引住了,大声喊了两嗓子,嗡嗡的回声十分有趣。大熊爸爸问:"你知道为什么会有回音吗？"丢丢扬起小脸,思考了起来。

景点介绍:

皇穹宇位于圜丘坛的北边,它有一道圆形的围墙,这就是著名的"回音壁",墙高 3.72 米,直径 61.5 米,周长 193.2 米。因为墙身结构十分紧密,并且墙面光滑,又是圆弧形的独特结构,所以墙体很容易对音波进行折射,就成了"回音壁"。这种声学原理,小朋友们可以去深入学习了解。

祈谷神殿——祈年殿

过了丹陛桥，丢丢一家人来到祈年殿。丸子妈妈笑着问："丢丢，你看这还像蛋糕吗？""是大蛋糕上插了根大蜡烛！"丢丢顽皮地说，逗得大熊爸爸和丸子妈妈笑个不停。

景点介绍：

祈年殿是天坛最早的建筑物，也叫祈谷坛，是皇帝孟春祈谷的地方。祈年殿直径为 32.72 米，高 38 米。小朋友们应该了解这样一组数字：殿内一共有 28 根金丝楠木大柱，最里面的 4 根柱子代表春、夏、秋、冬四季，中间一圈的 12 根柱子代表 12 个月，最外一圈的 12 根柱子代表 12 个时辰。

神牌供殿——皇乾殿

黑豆撒着欢儿，径直向北跑去。丢丢追赶黑豆，来到了天坛最北面的大殿——皇乾殿。丢丢喊道："爸爸妈妈，这里还有一个漂亮的大房子！"

景点介绍：

皇乾殿是祈谷坛的另一座重要建筑，被矩形院落包围，庑殿式结构，顶上盖着蓝色的琉璃瓦。这是一座专为平时供奉"黄天上帝"和皇帝列祖列宗神版的殿宇。农历初一和十五，都有人定时清扫。按照规定，在祭祀的前一天，皇帝都要提前来到这里上香行礼，为第二天的祭祀做好准备。

通透的七十二长廊

从皇乾殿出来,向东走,就到了著名的七十二长廊。丢丢开始一间间地数,他很好奇,想看看到底是不是真的有七十二间。

景点介绍:

七十二长廊又称七十二连房,连檐通脊式,呈曲尺形,以前北面砌砖,南面安设大窗门,一共七十二间,对应着祈年殿大小三十六根柱子,象征着七十二地煞。它既是连接神库、神厨等处的纽带,也是通往祈年殿的主道。现在,小朋友们会发现,长廊的大窗门已经被拆除,变得通透豁亮,是游人休息纳凉的好去处。

神圣的仪式——祭天

在游览天坛时,丢丢他们恰好碰上了祭天仪式表演。面对庄严肃穆、气势宏大的祭天场面,丢丢有了一种穿越感,仿佛来到了清朝。大熊爸爸在旁边小声地介绍道:"在古代,祭天是最神圣的仪式。"

礼仪介绍:

在天坛举行祭天活动开始于明永乐十九年(1421),先后有22位皇帝在这里对天膜拜,虔诚祭祀。在古代,祭天是一种祈求神灵赐福消灾的神圣活动。天坛祭天活动,在辛亥革命后被废除。不过,现在在天坛公园里,小朋友们还可以看到祭天仪式表演,可以直观地了解中国古代的祭天文化。

点击历史:

规矩严明的祭天仪式

根据历史资料记载,祭天礼仪隆重而繁复,要做大量的前期准备。圜丘上层的圆心石北侧正面设皇天上帝神牌位;第二层坛面东西两侧设日月星辰和云雨风雷牌位,神位前摆列着大量供品。上层圆心石南侧设祝案;皇帝的拜位设在上、中两层平台的正南方。圜丘坛正南台阶下东西两侧是乐队。日出前七刻,鼓乐齐鸣,祭祀开始。皇帝对空而祭,称为"露祭"。

旅行贴士

由于北京七八月份天气炎热,平均气温26℃,所以这个季节到天坛等户外活动较多的景点游览时,要备好遮阳伞、太阳镜、防晒霜等物品,同时要注意早晚温差大,及时增减衣物。

丢丢的首都北京红色之旅——天安门广场

国庆长假,丢丢和爸爸妈妈带着黑豆来到天安门广场,开始了首都北京的红色之旅。

根据规划好的线路,他们第一站便来到了天安门前的金水桥。

等级森严的金水桥

站在金水桥上,丢丢问:"爸爸,这七座桥怎么大小不一呢?"大熊爸爸故意不说答案,而是说:"自己上网查查,答案是非常有趣的。"丸子妈妈也笑着点点头,就是不直接说答案。

景点介绍:

金水桥分为内金水桥和外金水桥,天安门城楼前的为外金水桥,一共七座,由汉白玉砌成,正中的一座最宽最大,长 23.15 米,宽 8.55 米。小朋友们知道吗,这座桥在过去只有皇帝才能走,叫作御路桥,旁边依次是王公桥、品级桥和公主桥,供不同等级的人行走。

高大巍峨的天安门

跨过金水桥,站在天安门城楼下,丢丢仰望城楼,心中不禁升起崇敬之情。大熊爸爸介绍道:"这是一座伟大的城楼,它已经被设计到我们的国徽中了。"

中华人民共和国万岁　世界人民大团结万岁

景点介绍：

天安门坐落在外金水桥北端，是皇城正门。天安门高大巍峨，气势恢宏。城楼上悬挂着国徽和毛主席的巨幅画像。1949 年 10 月 1 日，毛主席就是在这里向全世界宣告新中国成立的。从此，天安门成为人们心中的圣地。

世人瞩目的升旗台

站在升旗台前，望着高高飘扬的五星红旗，丢丢敬了一个标准的队礼。"爸爸，这旗杆有多高？"丢丢问。大熊爸爸回答道："准确的高度是 32.6 米。"

景点介绍：

升旗台位于金水桥南端，旗杆基座分为三层，最上层是汉白玉台面，上面铺着红色地毯，中间一层是红褐色花岗岩，最下一层被草坪覆盖。这里是每天早上升国旗的地方，每月 1 日是大升旗日，由 36 名国旗护卫队队员和 62 名武警军乐团团员举行的升旗仪式庄严肃穆，吸引着来自四面八方的游客驻足观看。

庄严肃穆的人民英雄纪念碑

丢丢站在人民英雄纪念碑前，举手敬礼。丸子妈妈向丢丢介绍道："这正面的八个字是毛主席的手迹，那背面的碑文是周总理的手迹。"丢丢达认真聆听，边围绕着基座瞻仰碑文和浮雕。

景点介绍：

人民英雄纪念碑在天安门广场的中心，碑高 37.94 米，长 14.7 米，宽 2.9 米，它是我国政府为纪念中国近现代史上的革命烈士而修建的纪念碑。碑的正面书写着"人民英雄永垂不朽"八个金色大字，碑的背面镌刻着 150 字的碑文，基座四周是展现不同革命时期的浮雕。

号外链接：

人民英雄纪念碑上的浮雕

在人民英雄纪念碑的基座四周，有记载从"虎门销烟"到"解放战争"等历史大事件的 10 块汉白玉大浮雕。每块浮雕里有 20 个左右和真人一样大小的人物，神态各异，栩栩如生。据地质学家化验证明，这些浮雕能耐久 800 年到 1000 年。

缅怀伟人的毛主席纪念堂

丢丢一家从人民英雄纪念碑往南走，拾级而上进入毛主席纪念堂，丢丢向毛主席坐像敬礼。大熊爸爸、丸子妈妈也相继向毛主席坐像敬礼，以示敬重。

景点介绍：

毛主席纪念堂位于人民英雄纪念碑南面，主体建筑长宽各 105.5 米，高为 33.6 米，分为地上和地下两层。这里安放着毛主席的遗体，每天前来瞻仰的中外宾客络绎不绝。北大厅正中有汉白玉雕刻的毛主席坐像。小朋友们在这里可以瞻仰伟人的遗容，了解伟人的丰功伟绩。

馆藏丰富的中国国家博物馆

向天安门广场东边走，来到中国国家博物馆，大熊爸爸兴致高涨，对丢丢说："它可是全世界最受游客欢迎的博物馆之一啊。"丢丢说："那赶紧进去吧。"说着，他跑到了最前面。

景点介绍：

中国国家博物馆坐落在天安门广场东侧，是世界上单体建筑面积最大的博物馆，馆藏极为丰富，共有 48 个展厅，100 余万件珍贵藏品，是中华文物收藏最丰富的博物馆之一，年接待游客超过 700 万人次。小朋友们在馆内参观，可以深入了解中华文化，学到有用的知识。

气势恢宏的人民大会堂

进入人民大会堂，看见宽敞明亮、庄严气派的厅堂，丢丢问："爸爸，这么大的房子，建造起来肯定花费了很长很长时间吧？"大熊爸爸摇了摇头，说："告诉你吧，建造这么大的房子，当年仅仅用了 10 个月。"丢丢感叹道："真了不起！"

参观完人民大会堂，丢丢一家结束了首都北京红色之旅，丢丢的心中充满了自豪感。

景点介绍：

人民大会堂坐落在天安门广场西侧，坐西朝东，长 336 米，宽 206 米，高 46.5 米，巍峨壮观，四面开门，主体建筑由中央大厅、万人大会堂和有五千席位的大宴会厅组成，还有以各省、市、自治区名称命名的很多厅堂。小朋友们知道吗，我们国家很多重要会议都是在这里召开的，它还是全国人大常委会的办公地呢。

旅行贴士

到人民大会堂参观，根据规定，第一，要按顺序从东门入场；第二，所带的包裹要存放在大会堂南门东侧的存包处；第三，要爱护公物，讲究卫生，不要乱扔果皮纸屑；第四，如果遇到大型的政治活动及人代会、政协会、党代会等，人民大会堂就不能参观。

天 津

Tianjin

丢丢的航母军事探秘之旅——天津滨海航母主题公园

看国际新闻时,丢丢忽然对海上"巨无霸"航母产生了兴趣,于是,假期一开始,丢丢一家人就带着黑豆,来到天津滨海航母主题公园,开始进行航母军事探秘之旅。

主题独特的航母公园

来到滨海航母主题公园,丢丢迫不及待地要到航母上去看个究竟。丸子妈妈说:"别急,咱应该先拍张照片。"于是,丢丢抱着黑豆,与爸爸妈妈一起在航母前照了一张合影。

景点介绍:

滨海航母主题公园位于天津滨海新区八卦滩,由航母景观主轴、季风航母核心、军事观光区和军事体验区等形成了"一轴一心两区"的总体布局。小朋友们在这里可以登上大型航母,参观航母构造,还可以参加航母野战营活动,体验战争生活。

巨大的"基辅号"航母

登上航母,丢丢一个劲儿地问这儿问那儿,大熊爸爸被问得有些招架不住,就说:"快,打开手机,上网查查'基辅号'的资料。"丢丢赶紧打开手机上网,马上就查到了"基辅号"的情况。

景点介绍:

"基辅号"航母是前苏联"基辅"级

航母的第一艘,全舰长 274 米,宽 32.6 米;飞行甲板长 195 米,宽 53 米,甲板以下有 9 层舱,甲板上的舰岛有 8 层,可载官兵 1400 人。现在改造后的航母最大限度地保持了原舰风貌,有 8 万多平方米可供游人参观。小朋友们可以在航母上看到水兵工作和生活的场景。

宽敞的飞行甲板

丢丢从上而下,先后参观了飞行甲板、鱼雷发射舱、作战指挥中心和航母机库。在宽敞的飞行甲板上,丢丢带着黑豆与逼真的飞机模型一起照了很多合影。

景点介绍:

"基辅号" 航母是世界上第一艘可以供战机垂直起降的航空母舰,航母的飞行甲板大约有两个足球场那么大,面积接近 4000 平方米,战机可以在甲板上面垂直起降。小朋友们站在甲板上,可以参观许多逼真的战机模型。

有趣的航母野战营

参观完航母,丢丢来到舰下的航母野战营,换上迷彩装,带上头盔,跟其他小朋友一起进行了一场逼真的 "战斗",他感到非常刺激、有趣。

进行完战斗演练,丢丢一家结束了航母军事探秘之旅。这次独特的经历,丢丢将终身难忘。

活动介绍:

航母野战营是公园里的舰下项目,场地分为城市反恐中心和野战基地两部分。反恐中心为室内野战场地,有 1500 平方米;野战基地在室外,占地 15 万平方米。在野战营里,小朋友们可以穿着迷彩装,选择不同的作战武器,进行模拟对抗演练,趣味性十足。

旅行贴士

野战游戏是一种模仿军队作战的游戏,参加者全部投入扮演一兵或将领的角色。他们要穿上军服,手持激光枪,配备各款野战装备,展现各种队形阵势。所以,参战队员一定要严格服从教官命令,统一行动、听从指挥。另外,贵重物品和一百元以上现金一定不要带到营地,以免丢失。

天津

丢丢的天津民俗寻踪之旅——天津古文化街

又是一个小·长假,丢丢一家来到天津古文化街,开始了民俗寻踪之旅。他们首先来到了古文化街南街口的"津门故里"。

繁华热闹的津门故里

站在"津门故里"牌坊下,丢丢抱着黑豆与爸爸、妈妈一起照了一张合影后,迫不及待地走向繁华热闹的街巷里。

景点介绍:

天津古文化街位于南开区东北隅东门外,南北走向,在南街口有一座高大醒目的牌坊,上书"津门故里",北街口也有一座牌坊,上书"沽上艺苑"。"津门",是天津的旧称;"故里",就是老地方。如今,这里是一条繁华的步行街,小朋友们可以在这里尽情领略天津民俗文化。

海神娘娘的天后宫

穿过"津门故里"牌坊往前走,来到天后宫,丢丢问道:"这里供奉的是谁呀?"

大熊爸爸回答:"海神娘娘林默。"丸子妈妈补充道:"福建人称她为妈祖。"丢丢边听边记在心里。

景点介绍:

天后宫原来叫"天妃宫",是海神娘娘的庙宇。海神娘娘叫林默,北宋福建湄洲岛人,民间传说她能乘席渡海,云游岛屿间,渔民们称她为神女或龙女,并为她修建庙宇进行供奉,祈求她能够保佑人们出海劳作时平平安安。

趣味故事:

海神娘娘的传说

宋朝初年,福建莆田一个小渔村有位姑娘叫林默,相传她是东海龙王的女儿下凡到人间。她水性极好,精通潮汐气象知识,每当风浪天,她就独驾小舟,为渔家抢险排难,救死扶伤,深受渔民爱戴。多年后,她升天化为海神娘娘,哪里有难,她便在哪里显灵;哪里遭灾,她便在哪里出现。

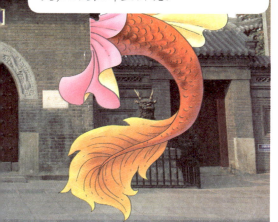

留住历史的民俗博物馆

走进民俗博物馆,丢丢被馆内的陈列深深吸引着,他还兴致勃勃地和很多小朋友一起玩起了推铁环的游戏。大熊爸爸和丸子妈妈笑眯眯地看着他们。

景点介绍:

民俗博物馆位于古文化街与水阁大街交口处,建筑面积300多平方米,建筑风格汇聚了中西文化精髓。馆内有院落、游廊和展室,力求人与自然和谐统一,体现着浓郁的天津地方民俗味道。在这里,小朋友们可以看到中国早期的经典老电影,还可以玩推铁环、抖空竹等民间传统游戏。

琳琅满目的古玩城

来到古玩城,丢丢眼花缭乱,最终挑中了一枚小小的玉石挂件。大熊爸爸精挑细选,买了一把仿古折扇。丸子妈妈则买了一方仿古砚台。一家人心满意足,黑豆也仿佛很开心。

景点介绍:

天津古玩城位于古文化街商贸区

天　津

中央,建筑面积2.34万平方米,是华北地区最大的专业古玩市场,分为清秀、明馨、元珍、宋雅、唐韵、汉风等六大单元,共计300多间店铺。有兴趣的小朋友可以在这里看到许多古玩字画,也可以买到一些仿古工艺品。

天津一绝——泥人张

进入一家泥人张彩塑店铺,丢丢被一组八仙过海的泥塑作品深深吸引,兴奋地说:"这些泥人真可爱!"大熊爸爸和丸子妈妈也都聚精会神地观赏着那些可爱的小泥人。

作品介绍:

泥人张彩塑是天津著名的传统手工工艺制品,由清代道光年间天津艺人张明山创造。他把传统的捏泥人技艺提高到圆塑艺术的水平,作品以色

彩、道具进行装饰,风格独特,栩栩如生,被认为是"天津一绝",现在被列为国家级非物质文化遗产。

喜庆活泼的杨柳青年画

来到一家杨柳青年画店里,丢丢显得特别兴奋,那些色彩明丽的年画牢牢地吸引着他的目光。丸子妈妈笑着问:"丢丢,这些年画漂亮吗?""真是太漂亮了!"丢丢大声说道。

作品介绍：

杨柳青年画是著名的民间木版年画之一，与苏州桃花坞年画齐名，素有"南桃北柳"之称，已被列入我国《第一批国家级非物质文化遗产名录》。杨柳青年画形成于明朝崇祯年间，通过木版套印和手工彩绘相结合的方法，表现喜庆吉祥的主题，色彩明丽，喜气洋洋，深受人们喜爱。

点击历史：

天津地名的由来

1399年，燕王朱棣率军南下，从天津三岔口渡河袭取沧州，然后一路逼近南京，并最终夺得皇位。朱棣登基后，对当年的三岔河口十分赞赏，认为那是块风水宝地，便让群臣为此地取一个好听的名字。最后，朱棣选中"天津"二字，意为"天子渡津之地"，天津由此而得名。

享誉世界的风筝魏

进入风筝魏的店铺，各式各样的精美风筝令丢丢爱不释手。大熊爸爸拿出钱包，给丢丢买了一个大大的可以折叠的孙悟空形象的风筝，丢丢开心极了。

从古文化街北门"沽上艺苑"牌坊出来，丢丢一家结束了津门故里之旅，天津民俗风情使丢丢开阔了眼界。

作品介绍：

风筝魏是指天津著名风筝艺人魏元泰制作的风筝，它的神奇之处在于，一尺多长的大风筝可以拆开折叠起来，放进一个小纸袋里。风筝魏的风筝造型多样，色彩艳丽，享誉世界，曾经获得过1914年巴拿马万国博览会金奖。

旅行贴士

在闹市区游览，一定要谨防小偷，应该将背包放在前面，购物时，要做到包不离身。

在民俗街店铺里购物，一定要看清楚购物须知，不要盲目购买，也不要轻易伸手触碰物品，避免损坏物品。

在逛街市时，看到琳琅满目的商品，往往会产生很强烈的购买欲望，这个时候一定要进行理性消费，根据自己的购买能力，选取具有当地地域特色的商品购买。

天　津

丢丢的名人故居探访之旅——五大道风情区

假期又到了，丢丢和爸爸妈妈一起带着黑豆来到天津五大道风情区，根据事先规划好的游览线路，决定从河北路与成都道交口开始，乘坐马车进行名人故居探访之旅。

具有异国风情的五大道

丢丢抱着黑豆和爸爸妈妈一起，站在五大道的街道牌前照了一张合影。看到五大道上风格各异的洋房，丢丢有一种身处国外的感觉。

景点介绍：

五大道风情区的范围包括成都道以南，马场道以北，西康路以东，马场道与南京路交口以西的一片长方形区域。这里汇集了不同国家风格的建筑，被誉为"万国建筑博览馆"，其中名人故居 300 多处。小朋友们可以乘坐华丽的马车进行游览。

抗战英雄张自忠故居

马车来到成都道张自忠故居前,丢丢嚷着要爸爸讲述张将军抗日的英雄事迹。大熊爸爸打开了话匣子,向丢丢介绍着张自忠为抗日英勇殉国的故事。丢丢认真听着,敬佩之情油然而生。

景点介绍:

张自忠是著名抗日英雄、革命烈士。他的故居位于成都道 60 号,建于1936 年,包括一座三层主楼和一座两层后楼,共有 16 间房。1936—1937 年,张自忠任天津市市长时居住在这里。小朋友们会发现,这里现在是天津市民政局办公用房。

趣味故事:

少年张自忠打抱不平

一天,14 岁的张自忠路过一处菜市,碰见一个无赖欺侮两个卖菜的老人。年少气盛的张自忠最恨恃强凌弱的人,于是冲过去与无赖扭打起来。他虽然只有 14 岁,却身高力大,几个回合下来,无赖被打得服服帖帖,只得给老人赔礼认错。张自忠这才饶了他。

教育名家张伯苓故居

马车来到大理道,停在张伯苓故居前,丸子妈妈不等丢丢问,就开始讲起张伯苓先生创办南开系列学校的故事。丢丢抱着黑豆认真地听着,他觉得张伯苓先生真的是一位了不起的教育家。

景点介绍:

张伯苓是著名爱国教育家、南开大学等南开系列学校的创始人,被尊为"中国现代教育的一位创造者"。他在天津的故居位于和平区大理道 78号,始建于 20 世纪 20 年代中期,是一座三层英式洋房,内饰考究。

点击历史:

张伯苓把"奥运"引入中国

1907 年 10 月 24 日,在一次学校运动会颁奖仪式上,教育家张伯苓发表演说,使天津学生第一次听到"奥林匹克"一词,两年后,赴欧考察归来的张伯苓又给大学生播放了第 4 届奥运会的幻灯片,从此,"奥林匹克"一词开始在中国流传。

天 津

民国总统徐世昌故居

马车行驶到新华南路与睦南道、马场道交口,大熊爸爸指着一处三层洋楼说:"那就是徐世昌的故居。"丢丢问:"徐世昌是谁?""他是民国总统,也是一位国学大师呢。"

景点介绍:

徐世昌曾当选为中华民国大总统。他在天津的故居有一处位于和平区新华南路与睦南道、马场道交口,占地 15.3 亩,共九座楼,181 间,建筑面积达 4347 平方米。徐世昌曾居住在其中一座三层洋楼里。现在,这处故居被天津市教委使用。

"东陵大盗"孙殿英旧宅

马车行驶到睦南道,大熊爸爸指着一幢气派的大楼说:"那是孙殿英的旧宅。"丢丢问:"孙殿英是谁?"丸子妈妈说:"电影《东陵大盗》的主角。"丢丢恍然大悟:"哦,他是坏蛋!"

景点介绍:

孙殿英是原国民党军阀,曾经指使士兵盗掘清东陵,人称"东陵大盗"。孙殿英旧宅位于睦南道 20 号至 22 号,建于 1930 年,是一座三层带地下室的

西式洋楼。孙殿英曾把它作为驻天津办事处。小朋友们会发现,现在它是天津长芦盐务局和长芦盐业总公司用房。

贿选大总统曹锟旧居

在曹锟旧居"光园"前,大熊爸爸给丢丢讲起曹锟的贿选故事。丢丢问:"为什么能贿选成功呢?"大熊爸爸说:"说明那时民主政治很不成熟。"丢丢抱着黑豆,似懂非懂地点点头。

景点介绍:

曹锟是直系军阀首领,曾经通过贿选的方式当选中华民国大总统,人称"贿选总统"。曹锟在天津有多处房产,其中有一处叫作"光园"的旧居位

于和平区河北路 211 号，有前后两道院。光园占地面积 21 亩，主建筑有大小 21 间房，原西北角和东北角都是四合院，为普通平房。

民国第一外交家顾维钧旧居

马车行驶到顾维钧旧居前，大熊爸爸对丢丢说："在巴黎和会上，顾维钧据理力争，维护了国家利益，是个了不起的外交家。"丢丢又多了解了一个民国时期的名人，心里很开心。

结束名人故居之旅，丢丢觉得受益匪浅，既了解了民国历史，又对不同建筑风格有所了解，一举两得。

景点介绍：

顾维钧曾任北洋政府国务总理、联合国首席代表、驻美大使，海牙国际法院副院长，被誉为"民国第一外交家"。他在天津的旧居位于和平区河北路 267 号，是一座三层带地下室的西式古典洋房，建筑面积 1400 多平方米。现为民革天津市委用房。

旅行贴士

1. 相对而言，参观名人故居可能会显得比较沉闷，所以，孩子在和爸爸妈妈去参观前，一定要提前做足功课，多了解有关名人的背景知识和历史典故，然后边参观边听讲解，这样参观活动才会显得有趣。

2. 在参观名人故居时，一定要爱护故居设施、设备；千万不要随地吐痰和乱扔果皮纸屑，最好随身携带一个垃圾袋。

丢丢的深山古寺礼佛之旅——天津蓟县盘山

看见爸爸妈妈在教学岗位上一直兢兢业业，好不容易到了假期，丢丢决定带着爸爸妈妈进行一次休闲度假之旅。

根据事先规划好的线路，一家人带着黑豆来到天津蓟县盘山，走西路山门进入景区。

"京东第一山"——盘山

站在盘山山门前，丢丢一家以"京东第一山"五字为背景，照了一张合影。镜头中，丢丢抱着黑豆扮了一个调皮的鬼脸儿。

景点介绍：

盘山属于燕山山脉的余脉，古称"盘龙山"，方圆 106 平方千米，主峰挂月峰海拔 864.4 米。山中自然景观美不胜收，被誉为"京东第一山"。在这里，小朋友们可以看到奇松怪石、清泉秀水和千年古寺，领略到盘山秀、幽、雄、险、奇的神韵。

胜境奇景三盘暮雨

进入盘山之后，丢丢一眼就看见岩壁上"三盘暮雨"四个大字，他问："妈妈，什么叫三盘暮雨啊？"丸子妈妈清了清嗓子，开始介绍起来。

景点介绍：

三盘暮雨是进入盘山后看到的第一个景点。古人把盘山胜境分为上、中、下，称为"三盘"，素有"上盘雪花飘，中盘雾雨渺，下盘夕阳照"的说法；"暮雨"就是傍晚云气升腾似雨非雨的景色。

趣味故事：

纪晓岚巧妙对句

有一年，乾隆皇帝带着一帮大臣来到盘山，经过大石桥，他忽然来了兴致，吟道："八方桥，桥八方，站在八方桥上观八方，八方八方八八方。"才思敏捷的纪晓岚顿时跪倒在地，对出下联："万岁爷，爷万岁，跪到万岁爷前呼万岁，万岁万岁万万岁。"乾隆皇帝听了，龙颜大悦。

形状奇特的元宝石

沿着山谷前行，来到一块形似元宝的巨石前。大熊爸爸指着石上的一行字说："相传，一名举人被美景吸引，便化用王羲之的句子镌刻在这石头上。"丢丢凑近石头念了起来。

景点介绍：

元宝石因形状像金元宝而得名，它横卧在山谷中，数丈长，一丈多高，上宽下窄，形似元宝。石头下溪水潺潺，石头上镌刻着一行字："此地有崇山峻岭怪石奇松"。典出王羲之《兰亭序》，表明这个地方的景色以峻岭、怪石、奇松为胜。

云气萦绕卧云楼

离开元宝石，穿过大石桥，拾级而上来到一座楼前，黑豆坐下来望着丢丢。丢丢走过去，看见楼檐匾额上写着"卧云楼"三字，心想：为什么叫卧云呢？

景点介绍：

卧云楼位于天成寺门外，六柱双层结构，雕梁画栋，非常壮观。小朋友们知道吗，这里有个非常有趣的景象，每逢雨过天晴，就会有白色的云气升腾起来，整座楼被云气萦绕，时隐时现，所以人们把此楼叫作"卧云楼"。

清净妙音天成寺

离开卧云楼往前走，来到天成寺，大熊爸爸说："这里有很多乾隆皇帝的手迹。"丸子妈妈指着大雄宝殿上的"清净妙音"匾，问："丢丢，那四个字有什么问题？"丢丢看了看，说："净字写错了。"

景点介绍：

天成寺又叫"天成法界"，主要由大雄宝殿、天王殿、三圣殿等组成。在大雄宝殿里，有一块乾隆皇帝亲笔手书的"清净妙音"匾。细心的小朋友会发现，这四个字中的"净"字的偏旁竟然写成了三点水。寺里还有江山一览

阁、乾隆御碑、古佛舍利塔和银杏树等景点。

趣味故事：

乾隆错写"清净妙音"

在天成寺的大雄宝殿里挂有一块匾额，上面写有"清净妙音"四个字。相传，当年乾隆皇帝的替身僧云海法师在这里出家，乾隆皇帝为了告诫他尽心修炼，少一些烦扰，多一点儿清净，便在题写"清净妙音"四字时，在"净"字上多写了一点。

规模巨大的万松寺

离开天成寺,来到另一座寺庙——万松寺,丢丢被寺内的各种菩萨像吸引着,他从一个大殿逛到另一个大殿,大熊爸爸跟在后面,回答着他不断提出的问题。

景点介绍:

万松寺是盘山72座寺庙中规模最大的一座,曾经叫李靖庵、卫公庵,因为唐初名将李靖在这里居住过而得名。万松寺山门前矗立着一块巨石,形似骆驼,山门外有弥勒殿、毗卢殿、千佛殿、祖师殿和吕祖殿等建筑。在这里,小朋友们可以看到姿态万千的菩萨像。

一览众山小的挂月峰

沿着仅容一人经过的石磴往上攀登,过"喘气岩",登上挂月峰,丢丢一家人虽然累得满头大汗,但是却油然而生一股自豪之情。在这里,他们俯瞰着整个盘山景区。

从挂月峰下来,坐索道下山,丢丢一家结束了深山古寺礼佛之旅。丢丢感觉又学到了很多知识。

景点介绍:

挂月峰是盘山三峰,海拔864.4米。小朋友们拾级而上,登上挂月峰,便会有一种"一览众山小"的感觉。在高高的峰顶上,建有高13米的定光佛舍利塔,三层八角形,由砖石砌成,中间是空的。据说塔内藏有60颗佛舍利和一具佛牙。

丢丢的湿地野趣之旅——七里海国家湿地公园

在城市里待得太久，丢丢一家人带上黑豆来到天津七里海国家湿地公园，开始了湿地野趣之旅。

美丽的七里海国家湿地公园

在七里海国家湿地公园的门前，大熊爸爸说："进去后，我们主要看看这里的珍稀动植物。"丢丢说："好！"

景点介绍：

七里海国家湿地公园是世界三大古海岸湿地之一，地处天津市东北部，方圆 10 万亩。这里自然景观优美，珍稀动植物丰富，还有适合小朋友们游玩的野外烧烤园、亲水观景走廊、儿童乐园、童话城堡等，是国家 4A 级旅游景区。

面积广阔的湿地

来到湿地走廊，丢丢指着一片绿色的水草，问："爸爸，这里究竟生活着多少种水生植物啊？"大熊爸爸说："咱们还是上网查查吧。"

景点介绍：

七里海的湿地十分广阔，有 3 万~4 万亩水域面积，5 万亩苇地面积，生活着珍稀水禽 182 种，其中国家一级重点保护鸟类 12 种，包括白鹤、黑鹤等；野生植物 153 种，其中包括被列入《中国植物红皮书：稀有濒危植物》的珍稀植物——野大豆。小朋友们在这里会领略到一种原始的野性之美。

七里海名字的由来

相传很久以前，七里海是毗邻渤海的一个湖，湖中水怪害得百姓不得安宁。在一位白须老人的指点下，人们在湖边开挖出一条大河，把湖水引入渤海。水怪见湖水越来越浅，便兴风作浪，毁坏农田。人们又遵照白须老人的吩咐吹起玉笛，唤来麒麟打败了水怪。为了感谢麒麟，人们将这个湖称为麒麟海，因为谐音，后来渐渐地就叫成了七里海。

中式画舫水中游

步入中式画舫中，丢丢好奇地四处张望，他站在船头，大声喊道："啊！"丸子妈妈问："怎么，丢丢准备作诗啊？""水光潋滟晴方好……"说了这一句，丢丢就没词了。爸爸妈妈看着他滑稽的动作，笑了起来。

景点介绍：

在七里海，游客可以乘坐中式画舫荡漾在万亩湿地芦苇荡中，观看着独具特色的湿地美景，在一片闲适中到达七色花岛。如果在夕阳西下时乘坐画舫，可见夕阳映红了湖水和芦苇，有一种天地悠悠、虚幻迷离的感觉。

深入芦苇荡的木栈道

走在长长的木栈道上，丢丢好奇地问爸爸："爸爸，栈道不是指沿悬崖峭壁修建的道路吗？为什么这里的道路也称栈道呢？"爸爸耐心地说："你说的是栈道的原意，不过随着文化的进步，栈道的意义也扩大了，这里这种富有情趣的木质道路，也称为木栈道。"

景点介绍：

漫步在4000米长的湿地木栈道上，沿途欣赏着美景，观看着水生植物和万亩芦苇荡，游客会不知不觉地放松心情，从而缓解了工作和生活中的

压力。栈道两侧有天鹅湖、野鸭岛，游客可以近距离地欣赏原始湿地的各种珍禽动物，还能给天鹅喂食呢。

湿地无人区——鸟岛

来到观鸟台，丢丢拿出随身携带的望远镜，看见一大群鸟儿从一座小岛上飞起来。丢丢问："那是什么地方啊？"丸子妈妈正好知道，于是回答道："那是鸟岛。"

景点介绍：

鸟岛坐落在兴坨水库中央，那里生活着东方白鹳、遗鸥、大天鹅、白琵鹭等国家一二级珍稀鸟类。近些年随

着环境的不断改善，岛上鸟的种类和数量在不断增加。如今，为了给鸟儿们营造原生态环境，鸟岛被景区列为无人区，所以，小朋友们只能用望远镜瞭望观察鸟岛上的鸟儿了。

逐渐恢复的麋鹿之乡

来到七里海麋鹿园，望着正在吃草的几只麋鹿，大熊爸爸介绍道："这里曾经发掘出距今2700年到3000年的麋鹿角，充分说明，在古代这里曾是麋鹿之乡。"

参观完麋鹿园，丢丢的湿地野趣之旅结束了。经过这次旅行，丢丢更加懂得了环境保护的重要性。

景点介绍：

七里海麋鹿园占地150亩，生活着数十只珍贵的麋鹿。据了解，七里海本来生活着大量麋鹿，但是到了清末已经绝迹。1985年，英国乌邦寺庄园主人塔维斯托克勋爵将第一批麋鹿赠送给我国，一共22只。如今这些麋鹿正是那批麋鹿的后代，七里海湿地逐步恢复了"麋鹿之乡"的名号。

河 北

丢丢的荷花民俗观光之旅——白洋淀

夏季适宜看荷花。暑假里,丢丢一家来到位于河北省保定市安新县境内的白洋淀,开始了荷花民俗观光之旅。他们观光的第一站就是鸳鸯岛民俗文化景区。

如诗如画的鸳鸯岛

登上鸳鸯岛,在一排仿古建筑前,大熊爸爸仔细打量起来,丸子妈妈忙着拍照。站在鸳鸯广场上,丢丢深深地吸了一口岛上的清新空气,心想:这岛真不错!可为什么要叫鸳鸯岛呢?

景点介绍:

鸳鸯岛占地 6.4 万平方米,岛周围被芦苇和荷花环抱,景色优美,如诗如画。岛上有一把大铜锁,有珍奇鸳鸯戏水的鸳鸯池,还有水乡婚俗、鱼鹰捕鱼、芦苇工艺制作和杂技等精彩表演。

号外链接:

很久以前,白洋淀一座岛上住着淀生和水莲两个年轻人,他们相亲相爱。恶霸刘二鳖见水莲漂亮,便派人抢走水莲,并把淀生打死了。水莲性情刚烈,拿起鱼叉刺死了刘二鳖,然后喊着"淀生等我",跳进白洋淀殉情而死。这时,只见天空出现一条彩虹,一对鸳鸯从中飞出。为了纪念淀生和水莲,人们就把他们居住的岛叫作鸳鸯岛。

陈列丰富的白洋淀之窗

进入白洋淀之窗,大熊爸爸显得特别兴奋,指着一件又一件馆藏陈列,滔滔不绝地向丢丢讲解着,丢丢边听边看,真的学到了不少知识。

景点介绍:

白洋淀之窗是鸳鸯岛上的一座展览馆,馆内陈列了大量珍贵历史图片和民俗文化实物。小朋友们在这里可以加深对小兵张嘎的了解,也可以读到著名的"雁翎队"的战斗故事,还可以了解到白洋淀渔民淳朴的生活状况,领略他们独特的民俗文化。

点击历史:

雁翎队抗日

抗战时期,在芦苇丛的掩护下,雁翎队端岗楼、截军火、惩汉奸,令敌人闻风丧胆,成为白洋淀上一支重要的抗日武装力量。"雁翎队"这个名称的由来,是因为他们主要使用一种需要通过火门引发的猎枪,为了避免火门浸湿,游击队队员常将雁翎插在火门上,所以被称为"雁翎队"。

处处可见张嘎的嘎子村

丢丢带着爸爸妈妈来到白洋淀文化苑内的嘎子村。在村头嘎子的塑像旁,他抱起黑豆,嚷着让丸子妈妈给他们拍一张合影。丸子妈妈拿起相机,把丢丢开心的笑脸与嘎子的形象定格在一起。

景点介绍:

嘎子村建于白洋淀文化苑内,村子三面都是水,长满了青翠的芦苇和荷花,景色非常漂亮。村头有小兵张嘎的塑像,一手叉腰,一手指向远方,小英雄形象栩栩如生。在村里还建有群雕,再现了电影中小兵张嘎卖西瓜给胖翻译的情景,形象非常逼真,相信小朋友们见了,一定会非常喜欢。

旅行贴士

1. 在水上观光时,在船临时停靠期间,一定要服从工作人员安排,不要擅自远离。

2. 为防止在旅途中水土不服,应自备一些常用的晕船药品,千万不要随意服用他人提供的药品。

3. 在白洋淀游玩多为水上游览,一定要保护好随身携带的手机、相机等电子产品,参加打水仗等游戏时,要用塑料袋把手机和相机等包好,或存放在酒店或者车内。

丢丢的滨海寻梦之旅——北戴河

丢丢一直想去看海,经过精心而充分的准备,暑假一到,丢丢就开始了他的滨海寻梦之旅,一家人带着黑豆直奔地处河北省秦皇岛市的旅游度假胜地——北戴河。为了看日出,他们早早地赶到了鸽子窝公园。

鸽子成群的鸽子窝

丢丢兴奋地跑进鹰角亭,一股凉爽的海风迎面吹来,他禁不住开心地说:"这里跟我的梦境一模一样。"丸子妈妈边拍照边问:"你也梦到了这么多的鸽子吗?也梦到了这么美的日出吗?"丢丢吐了一下舌头,不作声了。大熊爸爸指着海面喊:"快看,晨云霞!"

景点介绍:

鸽子窝公园也叫鹰角公园。公园里有一块像雄鹰一样屹立着的巨石,叫作鹰角石。很多鸽子在鹰角石的缝隙里做窝,所以这里又叫作"鸽子窝"。鹰角石上有座鹰角亭,是看海上日出的最佳地方,小朋友们如果愿意早起,可以看到美丽迷人的晨云霞哟!

号外链接：

秦皇岛地名的由来

秦皇岛的名字最早出现在1535年出版的《山海关志》中。相传，秦始皇出巡求仙的时候，暂住在这个地方；也有一种说法，是说秦始皇派方士由此到海上去寻访长生不老的仙药。

雕梁画栋的望海长廊

丢丢带着黑豆从鹰角亭跑到望海长廊，大熊爸爸和丸子妈妈紧随其后。大熊爸爸抬头望着长廊上的一块匾额，念了一遍："望海长廊。"

景点介绍：

距鹰角亭50米的望海长廊，是一排仿古建筑，有70米长，两头有四角亭和敞亭连着，长廊中有很多彩绘，花鸟鱼虫等形象栩栩如生。小朋友们漫步在长廊里，远眺大海，迎风听涛，定会心旷神怡，烦恼尽消。

高大挺拔的毛主席雕像

离开望海长廊，来到毛主席雕像下，丢丢和爸爸妈妈一起在雕像下照了张合影。大熊爸爸说："丢丢，向毛主席敬个少先队队礼。"丢丢举起右手敬了一个标准的队礼。

景点介绍：

矗立在鸽子窝公园里的毛主席雕像，总高度为5.9米，其中像高3.2米，仿花岗岩基坐高2.7米，整座雕像显得高大挺拔。雕像基坐东部大理石上雕刻着毛主席的著名词作《浪淘沙·北戴河》。游客们站在雕像下，敬仰之情油然而生。

点击历史：

毛主席乘兴赋诗

1954年的仲夏时节，毛主席来到了北戴河，适逢下雨天，他坚持下海游泳，苍茫大海波浪翻滚，引得毛主席诗兴大发。他上岸后就写下了著名的《浪淘沙·北戴河》："大雨落幽燕，白浪滔天，秦皇岛外打鱼船，一片汪洋都不见，知向谁边？往事越千年，魏武挥鞭，东临碣石有遗篇。萧瑟秋风今又是，换了人间。"

能够许愿的碧螺塔

在鸽子窝看完日出，丢丢一家带着黑豆离开鸽子窝公园，往南到了碧螺塔公园。远远看见一座白色建筑，丸子妈

妈问："看，那像什么？"丢丢回答："像海螺！"大熊爸爸点了点头，说："那就是碧螺塔。"

景点介绍：

碧螺塔公园中最引人瞩目的就是碧螺塔。碧螺塔一共 7 层，21 米高，像一个向左旋转的海螺。碧螺塔也是心愿塔，据说如果把心愿写在纸条上，挂到塔身上就会好梦成真。小朋友们可以试一试，看看是否灵验哟。当然，在碧螺塔公园里，小朋友们还可以垂钓、潜水、看篝火晚会，真是好玩得很呢！

适宜观潮的老虎石

从游船上下来后，丢丢一家来到老虎石海上公园。站在老虎石上，丢丢看见海浪拍打着岸礁，听着涛声，像一位大诗人一样大声吟诵道："大雨落幽燕，白浪滔天。"丸子妈妈赶紧拿起相机，按下快门，记录下这美好的一刻。

景点介绍：

在老虎石公园里，有一些暗红色的礁石，像一群横卧在海边的老虎一样，所以人们称这些礁石为老虎石，其中有一处被圈了起来的老虎石更加惟妙惟肖。小朋友们可以登上临近海水的老虎石，面朝大海，看潮起潮落，听阵阵涛声，感受海的力量。

热烈非凡的中海滩浴场

从老虎石海滩往西走，来到中海滩浴场，丢丢发现这里的人真多啊，他们都穿着泳衣，或在海水里嬉戏，或在沙滩上晒太阳。丢丢也催促爸爸妈妈换了泳衣，欢叫着扑向海水。黑豆则乖乖地坐在太阳伞下。

景点介绍：

中海滩是老虎石沙滩西面的一处海滩，是指海滨东一路至剑秋路一带的海滩。这里背靠着山，面临着一片宽阔的浅海，沙滩明净，阳光充足，游客众多，五颜六色的太阳伞把海滩装点得更美了。在这里，小朋友们可以在海水里畅游，也可以躺在沙滩上晒日光浴，真的会很惬意。

乘风破浪的"王子号"游船

离开中海滩浴场，丢丢一家带着黑豆来到了秦皇岛亚运旅游码头。一艘巨大的游船停泊在港湾里，丢丢兴奋地说："这游船真气派啊！"黑豆冲着游船汪汪大叫。大熊爸爸提议："我们在这儿来张合影吧。"丸子妈妈拍了几张后，说："还是赶紧上船吧。"

离开了"王子号"游船，丢丢一家结束了北戴河滨海寻梦之旅。不过，回家后，丢丢肯定还会梦到北戴河的碧海蓝天。

景点介绍：

"王子号"游船是目前在渤海湾最豪华的旅游观光船，就像一座海上漂浮的城堡一样，可以容纳500多人。船上有贵宾厅、多功能厅、会议厅和歌舞表演台等，在船上可以观看歌舞表演，可以晒太阳，还可以垂钓。小朋友们，如果乘坐游船在海上乘风破浪，你会有飞一样的奇妙感觉。

旅行贴士

在乘坐游船时所产生的颠簸、摇摆或旋转，会刺激人体的前庭神经而发生晕船现象，人会特别难受。所以，在登船游览前1~2小时，要先服用抗晕船的药物，这样可减轻症状或避免发病。一旦发生晕船现象，最好闭目仰卧；如果当时是坐着的，头部要紧靠在固定椅背或物体上，避免较大幅度的摇摆；要保持良好的通风。

丢丢的皇家猎苑之旅——木兰围场

　　经过一段时间的休整，丢丢一家带着宠物犬黑豆又开始了皇家猎苑之旅，来到位于河北省承德市的木兰围场。

风光旖旎的塞罕坝国家森林公园

　　第一天，丢丢一家驱车来到塞罕坝国家森林公园。大熊爸爸边驾车边问丢丢："还记得描写草原的诗句吗？"丢丢念道："天苍苍，野茫茫，风吹草低见牛羊。"丸子妈妈微笑着点点头。

景点介绍：

　　塞罕坝国家森林公园是木兰围场的组成部分，总面积141万亩，森林面积106万亩，森林覆盖率达75.2%，它是我国北方最大的森林公园。游客驱车观光，一路上可以看到塞罕塔、七星湖、康熙点将台、滦河源头、泰丰湖、金莲映日等景点的美丽风光。

木兰围场名字的含义

木兰，不是花名，在满语中是"哨鹿"之意。为了捕杀雄鹿，猎人们常用笛哨模仿鹿鸣，引来雄鹿捕杀，这称为"哨鹿"。所以木兰围场的意思就是猎鹿的场所。不过，这里曾归皇家专用。康熙皇帝曾写诗赞誉木兰围场："鹿鸣秋草盛，人喜菊花香。"

高耸入云的塞罕塔

大熊爸爸把车停在塞罕塔前，丢丢和黑豆跳下车，向塔内跑去。丸子妈妈紧跟在后，边走边仰头望着塔顶，说："好

高啊。"大熊爸爸说："嗯，真像一枚等待发射的火箭。"

景点介绍：

塞罕塔矗立在高高的东坝梁上，高 25 米，直插云霄，非常雄伟。塔的内部设有扶梯，小朋友们可以搭乘扶梯登塔，旋转往上直达塔的最高层。在塔上俯瞰四周，绿树掩映，放眼远眺，森林公园的美景尽收眼底。据史志记载，康熙皇帝曾夸赞这里"真仙境也"。

神奇美丽的七星湖

车行驶到七星湖边，丢丢指着水面喊："快看，那里真像七面反射天光的镜子。"丸子妈妈问道："丢丢，你认为真有七湖吗？"丢丢说："当然。"丸子妈妈摇头说："你可以去看个究竟。"

景点介绍：

七星湖，当地人叫它们"活泡子"，看上去好像是七个大大小小相连的湖。其实这里只有一个非常大的湖面，湖中间长满水草，形成草甸，将一个大湖面分割成七个小湖，非常神奇。这里水质清澈，水草肥美，天光水色相互映衬，真是美不胜收。

形如卧虎的康熙点将台

车子停在了康熙点将台。大熊爸爸让丸子妈妈拍了一张照片，他说："我必须在此留影，这可是当年康熙大帝点将的地方。"丢丢嚷着也要拍，黑豆机灵地跳到丢丢身边。"咔嚓"，丸子妈妈按下了快门。

景点介绍：

康熙点将台也叫亮兵台，位于塞罕坝森林公园阴河景区，本来是一块孤立的巨岩，其形状就像是一只卧虎，岩石的顶部是一个狭长的平台，指挥者可以站在上面，而岩石的周围也很平坦开阔，可以聚集人马。传说康熙帝就曾登上这块岩石，检阅得胜凯旋的将士。

景色怡人的御道口景区

第二天，大熊爸爸驱车来到御道口景区，继续前一天没有完成的观光之旅。

在御道口景区入口处，丸子妈妈说："御道口可去的地方也很多，为了节约时间，我们得重新规划一下路线。"丢丢表示赞同。

景点介绍：

御道口景区是木兰围场的第二个重要景区，50万亩森林、70万亩草原和20万亩湿地共同构成其美丽的生态系统。这里还是滦河发源地之一，有21个天然淡水湖，47处泉水，13条河流。驱车在景区内观光可以欣赏到650多种珍稀植物和100多种野生动物，还可以欣赏到康熙皇帝练兵台、古御道等历史遗迹，以及桃山湖等自然风光。

人间仙境桃山湖

在御道口景区行驶了很久，大熊爸爸把车子开到了桃山湖。一家人选择在湖上划船，微风习习，非常惬意。丸子妈

妈一个劲儿地按动快门，恨不得把这里所有的美景都定格下来。

景点介绍：

桃山湖位于御道口牧场总场以北，是一个天然淡水湖，380 多亩的水面如一面水银镜，水深数米，水质清冽，湖泊四周的白桦林倒映水中，与天光云影交相辉映，使这里成为御道口景区最美丽的地方，被誉为"塞北的香格里拉"。在这里，游人们可以临湖垂钓，也可以划船漫游，尽情地享受大自然的恩赐。

独具特色的
红松洼自然保护区

第三天，丢丢一家驱车到了皇家猎苑之旅的最后一站——红松洼自然保护区，在这里他们重点参观了风力发电场。看着草原上转动的风电机，丢丢说："它们

真像荷兰风车。"

驱车观光了一天，离开红松洼自然保护区，丢丢结束了皇家猎苑之旅。木兰围场的广袤和美丽将永远留在他的记忆里。

景点介绍：

红松洼自然保护区也是木兰围场的组成部分，总面积 110 万亩，森林覆盖率高达 78%。这里除了动植物种类繁多、水草丰美、景色迷人之外，还有一个非常独特的地方，那就是在景区内有一座风力发电场，一座座白色的风电机矗立在草原上，格外引人瞩目。这里还是满、蒙、汉民族的聚居区，三个民族文化交融，民族风味浓厚而独特。

旅行贴士

1. 到草原观光旅游，应该带上几件长袖衣物、防晒用品、防蚊花露水，最好带上伞，可以防雨、防晒两不误。

2. 因为草原辽阔，所以，在游览观光时，最好租一辆车，这样既节省体力，又能看到多处景点。

3. 看见小牛犊和小马驹不要贸然上前去触摸，当心牛妈妈、马妈妈因护犊子而伤人。

丢丢的帝王宫苑文化之旅——承德避暑山庄

经过精心准备，丢丢和爸爸妈妈来到位于河北的承德避暑山庄，开始了帝王宫苑文化之旅。他们选择从丽正门进入山庄。

"塞上明珠"—— 承德避暑山庄

身为历史老师的大熊爸爸对避暑山庄的了解非常多，一到避暑山庄，他就充当起了临时导游，负责给丢丢和丸子妈妈讲解山庄的知识。

景点介绍：

承德避暑山庄是清朝皇帝避暑和处理政务的地方，1703年开始建造，经过89年才全面建成。山庄由宫殿区、湖泊区、平原区和山峦区四大部分组成，整体布局因山就势，景色丰富，是我国四大名园之一。在这里，小朋友们可以尽情领略帝王宫苑建筑文化的魅力。

光明正大之门——丽正门

站在丽正门下，丢丢问："为什么要叫丽正门呢？"大熊爸爸清清嗓子，讲解道："'丽正'两个字取自《易经》：日月丽于天，用在这里，意思是光明正大之门。""哦，原来如此。"丢丢点点头。

景点介绍：

丽正门是山庄正门，建成于乾隆十九年（1754），由一座重台和三间城阁组成。重台下有一高两矮三个长方形拱门入口，门前有一对威武的石狮子和下马碑，迎面还有一道 30 米长的红照壁。整座丽正门给人的感觉是布局严整，风格质朴。

皇帝读书之处—— 澹泊敬诚殿

穿过丽正门，丢丢妈妈指着一座殿宇问："丢丢，你知道那是什么建筑吗？"丢丢答不上来，望着爸爸。大熊爸爸故意卖了个关子，说："进去之后，你们会看见一块匾，上面有大殿的名字。"丢丢赶紧走进大殿去看。

景点介绍：

澹泊敬诚殿是避暑山庄正殿，建于康熙四十九年（1710），后来乾隆使用楠木将此殿全部整修了一番，所以该殿也叫楠木殿。大殿内悬挂着"澹泊敬诚"匾额，是康熙皇帝的手迹。这里是皇帝在避暑山庄举行重大典礼的地方，也是皇帝在山庄时听政和读书的地方。

皇帝就寝之地—— 烟波致爽殿

经过澹泊敬诚殿，来到烟波致爽殿，丢丢顿时有清凉之感。大熊爸爸介绍道："这'烟波致爽'匾额是康熙皇帝御笔手书，夸这里清爽怡人。"丸子妈妈说："这四个字还真贴切。"

景点介绍：

烟波致爽殿为"康熙三十六景"的第一景，是皇帝的寝宫，建于康熙

四十九年（1710），之所以称为"烟波致爽"，是因为康熙帝曾经夸赞这里"四围秀岭，十里澄湖，致有爽气"。夏天，这里清凉怡人，所以康熙、乾隆、嘉庆到山庄必在此住宿。

点击历史：

咸丰皇帝病逝避暑山庄

1860 年，英法联军进攻北京。咸丰皇帝自圆明园仓皇逃亡至避暑山庄，住在烟波致爽殿。咸丰十一年（1861）七月十五日，咸丰皇帝病重，十六日立皇长子载淳为皇太子，并召集八位顾命大臣进行托孤。十七日清晨，咸丰帝病逝。此后，慈禧太后一步一步走向了权力的巅峰。

俯瞰群峰之楼—— 云山胜地楼

经过烟波致爽殿，就是云山胜地楼。站在楼下，黑豆不走了，原来它够不到上楼的楼梯。丢丢走过去，也没有发现楼梯，便嚷道："爸爸，这楼好奇怪，没有楼梯。"大熊爸爸笑了，说："到后面假山去

看看吧。"丢丢跑去一看,恍然大悟。

景点介绍:

云山胜地楼是"康熙三十六景"的第八景,建于康熙四十九年(1710),楼高两层。有意思的是,这座楼竟然没有楼梯。这是为什么呢?原来,此楼依假山而建,山上设计有磴道,可以上楼,可谓别出心裁。在楼上,小朋友们可以俯瞰山庄,欣赏到袅袅娜娜飘荡的雾霭流岚。

经典克隆之楼——
承德烟雨楼

登上如意洲的青莲岛,来到烟雨楼下,丢丢不由地叫起来:"妈妈,这座楼我好像见过。"丸子妈妈看了看,突然想起来了,说:"电视剧《还珠格格》中就有这座楼。"

景点介绍:

承德烟雨楼坐落在避暑山庄的青莲岛上,小朋友们知道吗,这是一座"克隆楼",是仿照浙江嘉兴南湖的烟雨楼建造的。站在楼上,凭栏远眺,秀美的湖光山色可以尽收眼底。当年家喻户晓的电视连续剧《还珠格格》就是在此拍摄的。

点击历史:

乾隆仿建烟雨楼

乾隆皇帝七十岁时第五次南巡,到了浙江嘉兴南湖烟雨楼,扶栏远眺,见暮色苍茫,非烟非雨,别有一番风味,心中颇为感慨。离开时,他特地带走烟雨楼图纸,回到京城后,命人依照图纸在避暑山庄青莲岛上仿建了一座烟雨楼,耗银三万五千余两。

观光休闲佳处——水心榭

在避暑山庄里游览了半天，丢丢一家来到了水心榭。大熊爸爸和丸子妈妈累得实在走不动了，便走到亭榭中休息。丢丢却一点儿也不累，和黑豆在亭榭间穿梭嬉戏。

休息了一会儿，丢丢一家继续前行，过东宫遗址，出德汇门，结束了帝王宫苑文化之旅。丢丢觉得自己的建筑学知识和历史知识又增长了不少，非常开心。

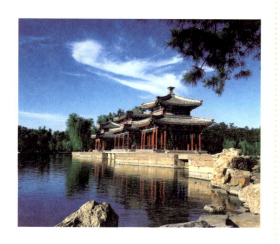

景点介绍：

水心榭修建在避暑山庄东宫的北面，建在下湖和银湖之间的桥上，是"乾隆三十六景"的第八景，连接着山庄宫殿区和湖区。小朋友们徜徉在水榭亭之间，可以欣赏到水面上"接天莲叶无穷碧，映日荷花别样红"的美景。

旅行贴士

承德地形属于盆地，水质较硬，游客一定不要喝生水，以免因水土不服而引起腹泻。这里的气候属于半湿润半干旱的大陆性季风气候，四季分明，昼夜温差较大，7—8月份多雨水，6月份白天的气温最高会达到30摄氏度以上，夜间最低气温会在10摄氏度左右，温差大约有20摄氏度，所以要注意随时增减衣物。

丢丢的生态氧吧之旅——野三坡百里峡

暑假,丢丢和爸爸妈妈带着黑豆开始了"生态氧吧"之旅,来到河北涞水县被誉为"天下第一峡"的野三坡百里峡。

穿越感十足的汉城堡

丢丢站在景区正门汉城堡前,仰头望去,城墙上旌旗招展,仿佛穿越到了古代。"我好像见过这座城。"丢丢自言自语道。丸子妈妈点头说:"没错,在电视剧《三国演义》里见过。"

景点介绍:

汉城堡是一座汉代风格的仿古建筑,也是百里峡景区的正门入口。城门上建有城楼,更体现了城堡的高大巍峨。小朋友们知道吗,电视剧《三国演义》中,诸葛亮坐在城楼上从容弹琴,以"空城计"对付司马懿的那场戏,就是在这儿拍摄的。

寒气逼人的老虎嘴

穿过蝎子沟,沿着布满海棠花的海棠峪往前走,忽然,丢丢指着不远处的崖壁,说:"看,老虎嘴!"说着,丢丢做老虎状,冲黑豆呼呼地"吼",吓得黑豆跳到一旁。大熊爸爸和丸子妈妈都笑了。

景点介绍:

老虎嘴是百里峡海棠峪中一段凹型崖壁,很像老虎的血盆大嘴。身处"虎嘴"中,有种凉飕飕的感觉,因为这里夏季温度只有17摄氏度左右。进入"虎嘴"的方式有两种,一种是直接走石阶路,另一种是攀岩。为了安全,小朋友们最好走石阶路,并且要扶好栏杆。

沁人心脾的爽心瀑

穿过老虎嘴,丢丢听到水声,一条瀑布呈现在眼前。丸子妈妈刚念出一句"飞流

直下三千尺"，大熊爸爸立马接了下句"疑是银河落九天"。丢丢撒娇道："我抗议，我本来想到的两句诗却被你们念出来了。"

景点介绍：

　　爽心瀑是海棠峪里第一瀑布。瀑布沿岩壁飞流直下，远望像悬挂的银丝带；近听水声轰响，似万马奔腾；细看水花飞溅，如颗颗珍珠。小朋友们如果站在瀑布旁深呼吸，清凉的空气由鼻孔而入肺部，你会感受到：瀑布名中"爽心"二字果然名副其实。

双崖依天立的一线天

　　离开爽心瀑布，峡谷越来越窄，丸子妈妈边走边念念有词："不知造化初，此山谁开坼。双崖倚天立，万仞从地劈。"丢丢似懂非懂，转头问："爸爸，妈妈念的是什么呀？"大熊爸爸拍拍丢丢的脑袋说："她呀，借用岑参的诗夸这一线天呢。"

景点介绍：

　　一线天是海棠峪最狭窄处，两边耸峙的崖壁仅隔 0.83 米。窄窄的山涧，幽深的峡谷，人在其间，抬头仰望，只可见一线天光，所以人们称这里为"一线天"。其实，整个 105 华里长的百里峡都是崖壁高耸，可以看到的只有很窄的条形天空，称得上是"百里一线天"。

自然天成的天桥

看过回首观音等几处景点，大家来到天桥下。大熊爸爸问丢丢："看到这天桥，你会想到什么？"丢丢回答："复道行空，不霁何虹。这是我妈妈不久前教会我的诗句。"丸子妈妈笑眯眯地点头。

景点介绍：

天桥是海棠峪中自然天成的单拱岩石桥，10 米长，2 米宽，悬在两面崖壁之间，离地 11 米，桥上布满绿色苔藓。小朋友们，你们知道吗？这座石桥已经 6500 万岁了，够古老的吧？这座桥还有个非常有趣的用途，当地青年经常来这里预测未来的婚姻是否幸福。

趣味故事：

海棠峪中海棠花的传说

在望京坨的深山中，猎户马三河与女儿海棠相依为命。有一天，父女俩外出打猎，突遇老虎，马三河年纪大，被老虎扑倒。海棠见状，勇敢地冲上去与老虎搏斗，身受重伤。危急关头，乡亲们闻讯赶来，合力打跑老虎，把受伤的海棠抬下山，沿途洒满鲜血。不久，血迹变成了火红的山花。人们称这种花为海棠花。

姿态可变的怪峰

又看过栈道等几个景点，丸子妈妈指着远处的一座山峰说："快看，那座山峰好有爱哟！"丢丢顺着妈妈手指的方向望去，想了想说："我家有张照片跟这个画面很像。"大熊爸爸说："你是说妈妈搂着你的那张照片吧？""是的。"丢丢心中涌起一股幸福感。

景点介绍：

怪峰，在百里峡第三条峡谷"十悬峡"中。从正面看，山峰像一位妈妈抱着心爱的孩子，人称它为"母子峰"；从另一个侧面看，却只能看见一个峰顶。小朋友们一定记得苏轼的诗句"横看成岭侧成峰"吧，如果用它来描写怪峰，就再贴切不过了。

灵芝山的水帘洞

黑豆立在水帘洞前的石阶上不走了。丢丢跟过去，看了看，喊道："快来，这里有个水帘洞！"大熊爸爸和丸子妈妈加快脚步，来到水帘洞口。丢丢问："这是孙悟空的家吗？"丸子妈妈说："你误会了，那个在花果山，这里是灵芝山。"

穿过水帘洞，乘坐缆车出了景区，丢丢一家结束了此次快乐之旅，百里峡的美丽和神奇给丢丢留下了深刻的印象。

景点介绍：

水帘洞，位于十悬峡灵芝山，全长 132 米，洞口有一帘瀑布，水声淙淙，与洞府产生共鸣。别误会，这里不是孙悟空的花果山水帘洞。这里的山，叫灵芝山，因生长着一种名叫乌灵脂的药材而得名。小朋友们如果玩累了，想回酒店休息的话，穿过水帘洞，就是百里峡的一个出口，乘坐缆车和滑索，可以直通景区外的公路。

山 西 Shanxi

丢丢的军事古镇观光之旅——平遥古城

又是一个小长假,丢丢同意大熊爸爸的安排,全家开车到山西平遥古城进行军事古镇观光之旅。他们对平遥古城的相关知识做了初步了解后,才择日启程。

军事古镇——平遥古城

一路上,大熊爸爸边开车,边与丢丢和丸子妈妈聊着平遥古城。黑豆很乖,静静地趴着,仿佛也在认真聆听。

景点介绍:

平遥古城,坐落在山西中部平遥县内,至今有 2700 多年历史。明朝初年,为防御北方少数民族南侵,在此大举建筑城墙。现在,平遥城墙总周长6163 米,墙高约 12 米,是我国现今保存最好的四大古城之一,是国家 4A级旅游景区。

"平遥三宝"之一——古城墙

登上满是垛口的古城墙,丢丢问:"爸爸,这里有多少个垛口啊?"大熊爸爸回答:"一共有 3000 个。"丸子妈妈补充道:"这是取孔子弟子三千之数,而且这墙还是'平遥三宝'之一呢。"

景点介绍:

平遥古城墙,始建于西周宣王时期,当时是夯土城垣,明朝洪武三年(1370),为抵御边患,才开始在这里建筑砖石城墙。在明清两个朝代,古城墙先后进行过 25 次维修,形成现今规模。城墙上有 3000 个垛口、72 座敌楼、4 座角楼,建有 6 座重门瓮城,门外有护城河和吊桥。作为军事重镇,平遥古城墙可以说是铜墙铁壁了。

"平遥三宝"之———镇国寺

为了寻访"平遥三宝"的第二宝，大熊爸爸按照车载导航仪指示，把车开到了镇国寺。在这座古老的木结构建筑前，丢丢一家拍了一张合影。大熊爸爸说："这座寺庙是典型的中唐风格，很有韵味。"

景点介绍：

镇国寺也是"平遥三宝"之一，坐落在平遥县城东北12千米的郝洞村，始建于五代北汉时期，由天王殿、万佛

殿、三佛楼等建筑组成。主建筑万佛殿是我国现存最古老的木结构建筑之一，造型雄伟，气势非凡，殿内供奉14尊彩塑佛像，高大端庄，给人一种威严神秘之感。

"平遥三宝"之———双林寺

大熊爸爸驱车来到平遥古城的第三宝双林寺，丸子妈妈对这里的彩塑佛像很感兴趣，拿着照相机一个劲儿地拍。丢丢则掰着指头一个一个地数着佛像。

景点介绍：

双林寺是平遥古城的第三宝，坐落在城西南，该寺于北齐武平二年(571)修建。在这里，小朋友们会发现，寺内最大的特点是有很多很多的彩塑佛像，陈列在10多座大殿里，共计2000多尊，简直就是"彩塑艺术的宝库"。

趣味故事：

睡姑姑和药婆婆

相传很久以前，有一个富家女子笃信佛教，父母双亡后，她把全部家产变卖，捐给了双林寺。后来，小姑娘重病不起，一个素不相识的老婆婆来到她身边，给她煎药熬汤。但小女孩病情太重，最终去世，老婆婆也随之坐化升天。人们在双林寺东北角修了一座单间小祠堂，供奉她们的塑像。后来，人们叫她们"睡姑姑"和"药婆婆"。

镖局集萃——
华北第一镖局博物馆

车行驶到华北第一镖局，丢丢要爸爸给他讲解镖局的知识。大熊爸爸说："镖局是我国早期保险业，最兴盛期是在清朝末年，当时国内形势混乱……"丢丢认真听着，全记在了心里。

景点介绍：

华北第一镖局博物馆在古城东大街路南 22 号，总面积 1000 多平方米，有 6 个展室和两个展区。小朋友们在这里可以全面了解清代乾隆年间以来我国镖局的发展历史和独特风貌。在我国，镖局曾一度兴旺发达，进入民国后，镖局逐渐退出历史舞台。

中国票号第一家——
日升昌记

来到日升昌记——中国票号博物馆，丢丢的问题又来了："爸爸，什么是票号啊？"大熊爸爸说："票号就是我国的民间银行。这个叫日升昌记的票号是我国第一家票号，最辉煌时，年汇兑总额曾高达 3800 万两白银，可谓日进千金。"丢丢说："真厉害啊！"

景点介绍：

日升昌记坐落在平遥古城西大街的繁华地段，整座遗址占地 2324 平方

米，是中国开办的第一家票号，由平遥西达蒲村的李大全投资白银 30 万两，和细窑村掌柜雷履泰于 1823 年共同创立。票号，类似于现代的银行，是十分重要的金融机构。日升昌记曾一度操纵整个清王朝的经济命脉。现在，日升昌记的旧址已开辟为中国票号博物馆。

中国古衙之最——平遥县衙

驱车来到城中心的平遥县衙，不等丢丢提问，大熊爸爸主动讲起县衙的知识来，他说："平遥县衙严格遵循封建礼制的规定，左边是文官办公处，右边是武官办公处，前面是处理政务的地方，后面是住宿的地方……"丢丢连连点头。

景点介绍：

平遥县衙在平遥古城中心，距今已有 600 多年历史。整座县衙坐北朝南，左右对称布局，中轴线上有六个大的院落，总占地 26000 多平方米。衙内建筑错落有致，主次分明，像一座缩微版的皇宫，是我国现存完整的四大古衙之一，也是全国现存规模最大的县衙，被誉为"古衙之最"。

趣味故事：

平遥知县巧断案

康熙年间，好心人宋忠原借伞给邻村人毋连迟，结果毋连迟不但不还伞，还硬说伞是自己的。两人争执不下，到平遥县衙告状。知县王杰一时不好判断，便心生一计，喝道："刁民！屁大的事到县衙击鼓告状！分明是想试探本官的软硬智愚……"随即他把伞撕得粉碎，喝令退堂。宋忠原心痛不已，而毋连迟则无所谓。结果，王知县喝令拿下毋连迟，进行重罚，并由其赔偿一把新伞。

丢丢的晋商豪宅探奇之旅——乔家大院

经过一段时间的休整,丢丢一家又启程了,他们来到山西祁县乔家大院,开始了晋商豪宅探奇之旅。

晋商豪宅——乔家大院

站在乔家大院的门口,丢丢的眼睛一亮,说:"我前几天在电视剧里看过这样的房子。"丸子妈妈点点头,说:"没错,电视剧《乔家大院》正是在这里拍摄的。"

景点介绍:

乔家大院坐落在祁县乔家堡村正中,是清代富商乔致庸宅第。大院三面临街,四周是 10 多米高的封闭式砖墙,占地 10642 平方米,建筑面积 4175

平方米,分六个大院,共有 313 间房屋。俯瞰大院,像一个双"喜"字。大院充分体现了清代民居的独特风格,被誉为"北方民居建筑史上一颗璀璨的明珠"。

砖雕精品——百寿掩壁

一进大门,丢丢站在墙壁前问:"这上面写的是什么啊?"丸子妈妈说:"这些形态不同的字,其实都是'寿'

字。"丢丢吐了吐舌头，说："一字能写百样，真服了他们。"丸子妈妈和大熊爸爸都笑了。

景点介绍：

掩壁位于大门后，上刻砖雕"百寿

图"，一字一个样，没有重复的，字字有风采。掩壁两旁是清朝大臣左宗棠题赠的一副篆体楹联："损人欲以复天理，蓄道德而能文章。"掩壁最上面刻有"履和"二字，讲的是中庸之道。在乔家大院众多精美的砖雕精品中，掩壁很有代表性。

严整布局——南北六院

走在甬道上，大熊爸爸开始向丢丢介绍乔家大院里六座院落的布局结构。丢丢说："爸爸，这么复杂的布局，你还是讲得简单点儿吧。"大熊爸爸笑了，为了让丢丢听懂，他便尽量介绍得简单一些。

景点介绍：

乔家大院以东西向的甬道为界，分为南北两排，北面由东往西依次为老院、西北院和书房院，里外院落相连。里院北面是两层主房，与外院门道楼相对，非常宏伟壮观。南面三院是相互联通的四合斗院，南院每个主院的房顶都盖有更楼，还建有更夫行走的更道，把整个大院串联起来。南北六院既分隔又相通，布局科学严整。

趣味故事：

乔全美移树

传说乔家大院偏院外有个五道祠，祠前长着两株槐树。乔家建房打算只拆迁五道祠，而不动槐树。可是，乔家主人乔全美梦见金甲神说："树移活，祠移富，若要两相宜，祠树一齐移。往东四五步，便是树活处。如果移祠不移树，树死人不富……"乔全美只得按照金甲神所说，祠树同移。如今，祠和树依然存在。

雕梁画栋——乔氏祠堂

走过长长的甬道，来到装点奢华的乔氏祠堂，丢丢感觉到一种肃穆的气氛。大熊爸爸说："这是乔家供奉祖先牌位的地方，所以被建造得特别讲究。"

景点介绍：

乔氏祠堂在大院甬道西头，与大门相对应。祠堂雕梁画栋，十分讲究，整体结构采用庙宇式，柱子上雕刻狮子头，柱础是汉白玉石雕，栏杆上雕刻着"寿"字，门窗上也都雕刻着精美的图案。祠堂里陈列着木刻精雕的三层祖先牌位。

艺术精品——大院木雕

经过一个个院门时，那院门上面千姿百态的木雕令丢丢目不暇接。他把黑豆抱在怀里，边欣赏那些木雕作品，边对黑豆说："瞧，这是寿星，这是菊花，这是仙鹿……"

景点介绍：

木雕是乔家大院随处可见的艺术精品，现存有木雕艺术品三百余件，雕刻品各个都有其民俗寓意。每个院的正门上都雕有不同的人物，二院正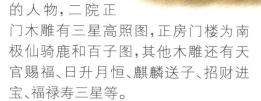门木雕有三星高照图，正房门楼为南极仙骑鹿和百子图，其他木雕还有天官赐福、日升月恒、麒麟送子、招财进宝、福禄寿三星等。

色彩斑斓——大院彩绘

经过一座座建筑时，丢丢不忘提醒丸子妈妈，把屋檐下、廊柱上、窗门间的那些色彩斑斓的彩色绘画拍下来。丢丢说："带回家后，我要好好地研究它们。"丸子妈妈笑着答应："好，我听你的。"

景点介绍：

小朋友们会发现，整个大院所有房间的屋檐下部都有美丽的彩绘，表现的大多是生动的人物故事，比如"燕山教子""麻姑献寿""满床笏""渔樵耕读"等，还有一些是花草虫鸟图案。据说这些彩绘都是采用十分复杂的堆金立粉工艺制作的，所使用的都是真金，所以色泽鲜艳，经久不褪。

稀世珍品——乔家三宝

来到三宝院，丢丢对那里陈列的三件宝物产生了浓厚的兴趣，嚷着要爸爸介绍三宝。幸亏大熊爸爸提前做足了功课，介绍起来滔滔不绝。

景点介绍：

乔家大院有三件著名的镇宅之宝：第一件是九龙灯，是慈禧所赐，由乌木制成，点燃后，有九龙转动，堪称工艺精品，世界上现在仅存两盏；第二件是挂在天花板上的水银玻璃球，叫作"万人球"，据说从美国购买来，作监视之

用，类似于现在的广角探头，在当时是非常稀罕的东西；第三件是犀牛望月镜，直径一米左右，镜架镜框为优质铁力木，上面雕刻有祥云犀牛，好像在扭头望月。

点击历史：

慈禧赏赐九龙灯

八国联军进攻北京，慈禧太后仓皇西逃，一路颠簸，失魂落魄，非常狼狈。乔家便向太后捐赠了30万两白银，以帮助她渡过难关。后来，慈禧回到北京，为了表彰乔家的忠诚，便赏赐给乔家两盏九龙灯，乔家奉为镇宅之宝。

旅行贴士

乔家大院所处的祁县的气候属于温带季风性气候，年平均气温7.9摄氏度到11.7摄氏度，四季分明，冬季长、夏季短，雨热同季。温和怡人。所以，到乔家大院旅游的最佳季节是春、夏、秋三季。

丢丢的名臣府邸探访之旅——皇城相府

经过认真准备,规划好旅游线路后,丢丢一家开始了名臣府邸探访之旅,来到了山西晋城的皇城相府。

官宅精华——皇城相府

丢丢一家站在皇城相府前,丸子妈妈问:"丢丢,你在网上查过皇城相府的情况吗?"丢丢得意地回答:"当然查过。这次我给你们俩当导游。"说着,丢丢介绍起来。

景点介绍:

皇城相府又叫午亭山村,位于山西晋城阳城县北留镇,是清康熙名臣陈廷敬的故居,总面积 3.6 万平方米。皇城相府随着山势建造,高低错落有致,风格独特,充分体现了明清城堡式官宅建筑的特色。

皇城名字的由来

当年陈廷敬在北京做官，他的母亲总想去北京看看。陈廷敬担心母亲年纪大不服北京水土，就模仿皇城北京，在家乡为母亲建造了一座"小北京"。后来有人举报，说他修"皇城"有谋反之心。得知后，陈廷敬赶紧派人把城堡刷上土黄色。"黄"与"皇"同音，康熙皇帝总算没有追究这个小"黄城"。不过，这事却引得康熙帝来到陈家小"黄城"，结果"黄城"就真成了"皇城"。

家族丰碑——功德牌坊

进入相府大门，丢丢一眼就看见一块石牌坊，他说："我知道，这个叫功德牌坊，是记录陈家人的光荣历史的，对吧？"大熊爸爸点点头，笑了起来。

景点介绍：

功德牌坊主要记载着陈家子弟的官职名称。牌坊由石头雕刻而成，柱石底刻有祥瑞的狮子，牌坊上额雕龙刻凤，正上方有"冢宰总宪"四个字，两侧

有"一门衔泽"和"五世承恩"八个字，意思是告诉人们陈廷敬家五代都曾享受浩荡皇恩。

防御城堡——斗筑居

登上斗筑居的城墙，丢丢说："斗筑居其实是为了防御战乱而修建的一座城堡。我说的对吗，爸爸？"大熊爸爸夸奖道："不错，看来你真的可以给我们当导游了。"

景点介绍：

斗筑居是皇城相府的内城，由陈廷敬的伯父陈昌言于明崇祯六年（1633）建造而成，东西宽71.5米，南北长161.75米，一共有五个城门，城墙上建有垛口，东北角建有春秋阁，东南角建有文昌阁。内城建筑包括祠庙、民宅和官邸三类，风格有很大区别。

固若金汤——河山楼

来到河山楼，丢丢问："爸爸，这座楼真像一座大碉堡，它是建于明朝吗？"大熊爸爸说："是的，它是由陈昌言三兄弟于明崇祯五年（1632）合力建造的一座大碉

堡,具有很强的防御功能。"

景点介绍:

河山楼是内城里最高的建筑,高30多米,位于内城北部,又叫"风月楼"。整座楼共七层(包括地下一层),三层以上才有窗户,二层以上才有一道可供进出的门,而且门有两道,外门是石头门,为了预防火攻,门外有吊桥。楼顶有垛口和瞭望敌情的瞭楼,楼底建有秘密地道。

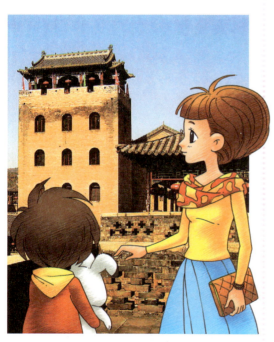

陈廷敬生处——世德院

从树德院到世德院,大熊爸爸说:"丢丢,你知道吗?这个院落曾经发生了一件大事。"丢丢问:"什么大事啊?"大熊爸爸故作神秘地说:"有名的陈廷敬就出生在这个院子里。"

景点介绍:

世德院坐落在内院斗筑居内,陈廷敬就出生在这里。院落为明代建筑风格,有两个并列的四合院,主院由正房、厢房和倒座组成,正房是三层楼房,厢房和倒座是二层楼房,显得古朴、典雅。明崇祯十一年(1638)十一月二十七日,陈廷敬出生在这个院子的西房里。

点击历史:

陈廷敬与《康熙字典》

康熙四十九年(1710),张玉书和陈廷敬奉旨带领30多人编纂一部大型字典。后来,张玉书病逝,陈廷敬成为总裁官。经过辛勤努力,我国古代历史上收字最丰富的一部字典终于诞生了。这部字典共收4700多字,它就是著名的《康熙字典》。

台谏清风——御史府

在御史府前,大家发现黑豆不走了。丢丢笑着说:"看来这里肯定有大人物。"丸子妈妈说:"算你说对了,这里真的是有大人物呢,陈家另一位大人物陈昌言就住在这屋里。"

景点介绍:

御史府是斗筑居的建造者陈昌言的府邸。陈昌言曾经在朝廷做过都察院御史。御史府主要由并列的两个院

落组成,左边的院落是用来处理事务的庭堂,右边的院落是内宅。在院落正门的牌楼上写有"台谏清风"四字,意思是赞美陈昌言敢于直谏,清正廉洁。

人间仙境——止园

参观完内城,来到外城的止园,黑豆撒着欢儿到处跑。丸子妈妈把相机递给丢丢,说:"来,帮妈妈拍几张。"丢丢端起相机把妈妈的身影定格在美丽的止园里。

从止园出来,丢丢一家结束了这次名臣府邸探访之旅。丢丢觉得皇城相府

真是一个人杰地灵的地方。

景点介绍:

止园坐落在皇城相府的外城,是陈家最大的一处园林,面积达 1.1 万平方米,在清顺治十八年(1661)建成。

止园里绿荫掩映、鸟语花香、假山耸峙、流水潺潺,仿佛人间仙境。当年,陈家人经常在这里召集文人墨客,饮酒赋诗。

旅行贴士

1. 夏天各种植物生长茂盛,人们穿衣较少,在长满花草植物的园林中游玩时,要预防发生皮肤过敏。如果出现全身发热、皮肤发痒,出现荨麻疹时,应及时停止游玩,口服抗过敏药物。

2. 在园林中游玩时,要爱护花草树木,不要采摘花卉,不要攀折树枝;在园中拍照时,不要跨越围栏,也不要跑到草坪上,或者花丛中去,而应该在围栏外借景拍照。

丢丢的名山古刹观光之旅——五台山

暑假里,由大熊爸爸驾车,丢丢一家来到山西忻州五台山,开始名山古刹观光之旅。根据事先规划好的线路,他们驱车从南路进入五台山。

佛教圣地五台山

在进入五台山的路上,大熊爸爸向丢丢和丸子妈妈介绍着五台山的基本情况。丢丢边听边欣赏车窗外美丽的风光,心里在说:五台山,我来啦!

景点介绍:

五台山位于山西省忻州地区东北部,风景区绝大部分坐落在五台县境内,方圆 500 多里,因为东西南北中五座高峰的山巅都是缓坡平台,所以合称为"五台山"。这里风光秀丽,寺庙林立,是名扬天下的佛教圣地,也是旅游佳处。

五台山的奇峰灵崖

车子驶入五台山,沿途的奇秀山峰和崖壁历历在目。丢丢提议在游览寺庙之前,先驱车去看一看有名的山峰和崖壁。大熊爸爸点点头,一踩油门,车子飞快地向南台锦绣峰驶去。

景点介绍：

五台山山高林深，奇峰灵崖多达50多处，最著名的有神奇的写字崖、东台望海峰、西台挂月峰、南台锦绣峰、北台叶斗峰、中台翠岩峰等高峰峻岭，风景各异。例如，锦绣峰是一台独秀；望海峰上可见蒸云浴日；叶斗峰"一览众山小"，是华北第一峰，被誉为"华北屋脊"。

寺院古刹香火旺

看完了几座险峰灵崖，大熊爸爸说："下面，我们该重点看一看佛家寺院了。"于是，一家人走进了五台山塔院寺。

景点介绍：

五台山在我国四大佛教名山中，是寺庙最为集中、香火最为旺盛的名山，现有寺院95处，其中显通寺、塔院寺、菩萨顶、罗睺寺、殊像寺、碧山寺、金阁寺、广宗寺、广仁寺、黛螺顶、观音洞等11处被列为全国重点寺院。五台山的标志性建筑大白塔就坐落在塔院寺内。

隆重佛事跳布扎

游览过寺庙，丢丢一家正好赶上一项重要佛事活动——跳布扎。看见戴着面具"跳神"的僧众，丢丢心中不禁有些害怕，紧紧地拽着丸子妈妈的衣襟。黑豆则紧贴着丢丢，一声不吭。

看完跳布扎，丢丢一家还去品尝了五台山的小鸡炖台蘑等传统名菜，才结束了这次名山古刹观光之旅。

活动介绍：

跳布扎是起源于西藏的隆重的佛事活动，为了驱除邪恶，迎来吉祥安泰。跳布扎每年会吸引成千上万的信众和游客。活动在农历六月十五前后，历时三日，由"镇鬼""跳神""斩鬼"等环节组成，每次参与活动的僧众有几百人。

号外链接：

带面具的金刚舞

金刚舞，是跳布扎系列活动中很重要的一个内容，也叫金刚驱魔神舞，是藏传佛教的一种密乘宗教舞蹈，以西藏土风舞为基调。舞蹈者戴着具有象征意义的面具，随着鼓、钹、号等法器的节拍，手舞足蹈，以驱邪避灾，祈求吉祥。跳舞时，每个带着面具的舞者都对应着藏传佛教中的一个金刚。

山 西

丢丢的千年古寺探秘之旅——恒山悬空寺

一直听说我国有一座建筑在半空的寺庙,丢丢很想一探究竟。于是,在假期里,他和爸爸妈妈一起来到了山西恒山悬空寺,开始了千年古寺探秘之旅。

独特寺庙悬空寺

来到悬空寺下的停车场,看见悬在半空的寺庙,丢丢问:"爸爸,这座寺庙为什么要建造在半空中呢?"大熊爸爸说:"据说是为了达到道家'不闻鸡鸣犬吠之声'的要求,才建在半空中的。"

景点介绍:

悬空寺位于恒山金龙峡翠屏峰的崖壁上,距今已有1500多年历史。寺庙为木质框架结构,以横插在山崖上的方木梁为基础而建造,离地50多米,面积仅152.5平米,却建有大小殿堂40间。奇、悬、巧是其最显著的特色。

构造巧妙的栈道

走在空中栈道上，丢丢问："这些木头为什么没被虫蛀呢？"丸子妈妈回答："因为用桐油浸泡过。""那为什么能这么牢固呢？"丢丢继续问。大熊爸爸便给他讲解了栈道建造的原理。

景点介绍：

空中栈道是悬空寺连接南楼和北楼的通道。栈道下面是插入岩石中的横梁。在修建栈道的时候，首先在崖壁上开凿出口小肚大的石洞，在洞里安放木楔，然后将横梁做成剪刀形插进石洞，再通过猛力将木楔砸进横梁，使岩石和横梁紧密结合，原理类似现在普遍使用的膨胀螺栓。

和平共处三教殿

来到悬空寺北院的三教殿，丢丢问："佛祖、孔子和老子这三位信仰完全不同，为什么会被一起供奉呢？"丸子妈妈说："这表示佛、道、儒和平共处。"

景点介绍：

三教殿位于悬空寺的最高层，里面供奉着儒、道、佛三教创始人：孔子、老子、释迦牟尼，三者神态各异，栩栩如生。中间是释迦牟尼，表情安详；左边是孔子，微笑慈祥；右边是老子，仙风道骨。三教始祖同堂供奉，堪称中国宗教史上的一个奇迹。

被写错的壮观石

站在悬空寺最高处，顺着山崖往下看，丢丢发现石壁上写着"壮观"两个大字，问："那个'壮'字怎么写错了？"丸子妈妈笑着说："那是李白故意写错的。"

结束千年古寺探秘之旅，丢丢为心中的许多疑惑都找到了答案，感到非常开心。

景点介绍：

在悬空寺北的岩壁上刻有"壮观"二字。小朋友们会发现，"壮"字上多了一点。这是为什么呢？原来，唐代大诗人李白在参观悬空寺后挥笔写下"壮观"，但仍觉得仅此二字不足以表达悬空寺的壮美，便在"壮"字上添加一点，表示比壮观还要壮观。

趣味故事：

蜘蛛织网的启示

相传当年为建造悬空寺，一对师徒冥思苦想，总是不得要领。眼看距离皇帝规定竣工的日子越来越近了，徒弟望着窗外空想，只见一只蜘蛛抱着一根蛛丝在屋檐下晃来晃去，没多久便织出了一张悬空的蜘蛛网。徒弟深受启发，建造悬空寺的构想很快成形。他们在翠屏峰的峭壁上，将人吊在半山腰进行悬空作业，巧借岩石为暗托，终于建成了悬空寺。

山 西

丢丢的千年石窟礼佛之旅——云冈石窟

天高气爽，丢丢坐着大熊爸爸开的车，和丸子妈妈及黑豆来到世界著名的云冈石窟，开始了千年石窟礼佛之旅。

石雕宝库——云冈石窟

丢丢一家步行进入云冈石窟景区。丢丢问："爸爸，为什么要开凿洞窟呢？"大熊爸爸说："别急，我们边游览我边给你介绍。"说着，他带头向昙曜广场走去。

景点介绍：

云冈石窟位于大同市武州山南麓，距今有1500多年历史，依山开凿，东西长1千米，分为东、中、西三区，现存主要洞窟45个，附属洞窟209个，有大小造像51000多尊，最高的17米，最小的为2厘米，是闻名世界的石雕宝库。为纪念云冈石窟的开创者高僧昙曜，景区修建了昙曜广场，并立有昙曜塑像。

趣味故事：

武州山的传说

很久以前，黄土高原北部有个大山丘，常从地下传出迷人的音乐。有个叫武州的小羊倌想一探究竟，他每天在那里不停地挖，结果平地出现一座宏伟的庙宇，庙里庙外有飞天起舞、乐手演奏。武州看得入迷，便走上前，飞天和乐手顷刻都变成了石头，庙宇变成了石窟，武州也变成了石人。后来，人们便把大山丘叫作"武州山"。

庄严神圣——礼佛大道

穿过昙曜广场，走上一条大道，看见路旁排列整齐的石柱，丢丢感叹道："哇，好高的柱子啊！"大熊爸爸介绍道："这是礼佛大道，一共有13对神柱哟！"

景点介绍：

礼佛大道又称佛光大道，是进入景区的主要道路，道路两旁整齐排列着 13 对 "骑象四棱神柱"，柱高 8.73 米。在两侧浓密的松林映衬下，这些矗立的神柱像列阵的天神天将，气势雄伟，十分壮观。

山堂水殿——灵岩寺

过了佛光大道，丢丢一家来到了灵岩寺。大熊爸爸介绍道："这里就是根据郦道元的著作《水经注》所描述的景观而建的'山堂水殿'了。"

景点介绍：

灵岩寺位于云冈石窟景区"山堂水殿"，占地 16000 多平方米，建筑面积 6815.8 平方米，主要包括山门、中殿、后殿、南北角楼、中央石雕造像塔、配楼、大法堂、回廊、阁道等建筑，具有浓郁的北魏风貌。整个建筑群与山水和谐统一，宛如仙境。

云冈奇观——东部塔洞

"看，上面有好多洞啊！"丢丢指着崖壁说。大熊爸爸解释道："这里是东部塔洞，洞里面放的都是佛像。"
丸子妈妈在一旁听了连连点头。

景点介绍：

东部塔洞是云冈石窟东区一至四窟的总称，以造塔为主。小朋友们在这里可以欣赏到很多方形塔柱，它们矗立在各个塔洞中央，塔上雕有佛像。在塔洞的四壁还有许多浮雕五层小塔和屋宇殿堂。这些雕刻都具有极高的艺术价值。

点击历史：

云冈石窟的开凿

北魏文成帝继位后，大兴佛教，任命高僧昙曜为昭玄都统，管理全国佛教事务。接受任命后，昙曜率领僧众，着手整修寺庙，声誉日益高涨。460 年，昙曜秉旨在大同武州山山谷的北面石壁上开凿出五所窟龛，之后又建立佛寺，命名为灵岩寺。云冈石窟原名灵岩寺，因此这就是云冈石窟的开端。

叹为观止五华洞

在五华洞前，大熊爸爸显得尤为激动，他说："这里的彩绘雕像在云冈石窟众多佛像中，显得非常独特而珍贵。"

景点介绍：

五华洞是云冈石窟的第9到13窟，因为从辽到清代曾对这五座洞窟里的佛像进行了彩绘加工，所以这五窟被统称为"五华洞"。五华洞的第9、10窟和第7、8窟相同，属于"双窟"，但是第9、10窟有廊柱，外观比第7、8窟华丽。

云冈瑰宝——昙曜五窟

丢丢一家来到了昙曜五窟，站在著名的露天大佛面前，丢丢仰望着，不禁惊呼道："好大的佛像啊！"丸子妈妈没等大熊爸爸开口，抢着说："我认识，这是佛祖释迦牟尼。"大熊爸爸点了点头。

景点介绍：

昙曜五窟是云冈石窟中最早开凿的一组洞窟，是气魄最宏大的窟群，始建于460年，由高僧昙曜奉旨主持开凿，历时6年完成。窟内造像神情生动，姿态美妙，都是艺术珍品。其中第20窟为最著名的露天大佛——释迦坐像，有13.7米高。

文化集萃——云冈陈列馆

参观完露天大佛，丢丢一家到了大佛对面的云冈陈列馆。大熊爸爸在那些展品前耐心地给丢丢介绍着相关历史背景知识，丢丢边看边听，把很多知识都记在了心里。

从陈列馆出来，丢丢一家已经饿得前胸贴后背了。他们在食货街饱餐了一顿后，结束了这次很有收获的旅程。

景点介绍：

云冈陈列馆背依露天大佛，建筑面积约6600平方米，主要通过北魏时期的文物展览和现代3D技术，向游客介绍云冈石窟的历史背景和开凿过程。馆内所陈列的文物大多来自云冈石窟的考古发掘。小朋友们在这里可以更加深入地了解北魏文化及云冈石窟的佛教艺术。

旅行贴士

1. 去寺庙等风景名胜旅游时，要遵守参观地点的旅游规定，不要随意进入非参观游览区内拍照。

2. 与游客和当地居民交际时，要注意文明礼貌，尊重当地习俗，尤其要尊重少数民族的风俗习惯。

3. 大同市地处黄土高原，地形地貌复杂多样，基本上属温带大陆性季风气候，年平均气温只有6.8摄氏度，最显著的特点是昼夜温差大，游客在夏天也应该带一件厚一点儿的衣服，抵御早晚寒气。

内蒙古

丢丢的草原风情之旅——希拉穆仁草原

在暑假里，丢丢一家驱车来到著名旅游胜地希拉穆仁草原，开始了草原风情之旅。希拉穆仁，蒙语意思是"黄色的河"。

迷人的希拉穆仁草原

看见绿草如茵、牛羊成群的情景，丢丢妈妈问："丢丢，面对这样美丽的草原风光，该怎么来描述它呢？"丢丢得意地说："这个考不倒我，您教的诗句我记得牢牢的。'天苍苍，野茫茫，风吹草低见牛羊。'"

景点介绍：

希拉穆仁草原在内蒙古包头市达茂旗的东南部，距离呼和浩特100千米，平均海拔1700米，丘陵起伏，夏秋时节，绿草萋萋，鲜花遍野。在这里，游客可以看到著名的那达慕，可以跃马驰骋，可以参观祭敖包仪式，也可以品尝味道鲜美的蒙古烤全羊，尽情领略草原风情。

热闹的那达慕

在希拉穆仁草原，丢丢一家正好赶上了一年一度的那达慕大会。在摔跤比赛赛场旁，丢丢目不转睛地看着，时不时鼓掌叫好。丸子妈妈则不停地拍照。

活动介绍：

那达慕，蒙语的意思是娱乐、游戏，它是蒙古族的传统节日，具有悠久的历史。每年7、8月，正值牛羊肥壮的时节，在蒙古草原上都要举行盛大的那达慕大会，来自四面八方的牧民们聚集起来，开展赛马、摔跤、射箭、歌舞等文娱活动以庆祝丰收。那达慕在蒙古人的生活中占有重要地位。

神圣的祭敖包

看完那达慕，丢丢一家又参观了祭敖包仪式。看着很多人对着敖包虔诚叩拜，丢丢不由得产生一种庄严感和神圣感，他和爸爸妈妈一起站在旁边默默地看着，黑豆也很乖，一声不吭。

活动介绍：

祭敖包是蒙古族最为隆重的祭祀活动。敖包，蒙语的意思是人工堆积起来的石堆或土堆，是天地神的象征，人们通过祭敖包祈求天地神保佑风调雨顺，牛羊兴旺。祭祀活动根据祭品的不同，分为血祭、酒祭、火祭、玉祭等四种。祭祀时，先在敖包上插上树枝或纸旗，人们再对着敖包虔诚跪拜。

美味的烤全羊

在草原上看过那达慕、祭敖包，还骑过马，丢丢感到饥肠辘辘，他说："爸爸，我们是不是该去尝一尝蒙古族的美味佳肴啊？"大熊爸爸爽快地答应道："好，我们去吃烤全羊。"

结束了草原风情之旅，蒙古民族独特的风俗文化深深地印在了丢丢的脑海里。

活动介绍：

烤全羊起源于蒙古族，是蒙古族接待贵客的一道名菜，外表金黄油亮，外焦里嫩，可谓色、香、味、形俱全，别有风味。由于制作过程复杂，烤全羊在过去只有王公贵族才能享用到，如今则成为寻常百姓都可以品尝的美味。

旅行贴士

蒙古烤全羊是蒙古人迎宾宴请的最高规格美食，吃法很有讲究。在吃之前，要推举最尊贵的客人作为王爷，再推举一位美丽的女孩作为王妃。在歌手的祝酒歌中，王爷、王妃一起摘掉羊头上的哈达，然后分别割下羊脖上的一小块肉，喂给对方吃。最后在歌手的歌声中，由厨师把整只羊切成小块，客人们才可以食用。

丢丢的快乐沙海之旅——响沙湾

正值国庆假期,经过精心准备,丢丢一家驱车来到了位于内蒙古鄂尔多斯市的响沙湾,开始了快乐沙海之旅。

响沙之王——响沙湾

面对一望无际的黄沙,丢丢问:"这里的沙为什么会响呢?"丸子妈妈说:"响沙的科学原理一直有人在研究,但至今没有最终结论。""正是这份神秘吸引了很多游客。"大熊爸爸补充道。

景点介绍:

响沙湾位于内蒙古鄂尔多斯市库布其沙漠的东端,距离包头市 50 千米,在中国各响沙之中最为著名,被称为"响沙之王"。景区内有著名的弯月沙山回音壁。在沙子干燥时,游客从沙丘顶往下滑,沙丘会发出轰隆声,非常奇特。在这里,游客们可以参与滑沙、骑骆驼、篝火晚会等娱乐项目,尽情享受沙海带来的无穷欢乐。

欢乐之地——仙沙岛

穿上景区提供的防沙袜，丢丢一家爬上仙沙岛。丢丢兴奋极了，一会儿玩空中飞索，一会儿荡秋千，一会儿又和爸爸妈妈一起带着黑豆，骑上了轨道自行车……丢丢觉得好开心啊。

景点介绍：

仙沙岛是响沙湾的娱乐世界。在这里，小朋友们可以参与各种体验活动。沙漠探险与空中飞索、冲浪与秋千、轨道自行车等娱乐项目，非常刺激。在这里，小朋友们也可以观看高空走钢丝、环球飞车、刀山、吃火、喷火等精彩的杂技表演。另外，还能品尝到许多美食。

艺术之所——悦沙岛

在仙沙岛玩够了之后，丢丢一家骑着骆驼来到悦沙岛，丢丢被这里丰富多彩的艺术表演深深吸引着。在沙雕园里，他们一家三口齐动手，以黑豆为模特，做了一个小沙雕。然后，他们去滑沙，把欢乐的笑声留在了沙漠之上。

景点介绍：

悦沙岛是响沙湾旅游景区的艺术

世界，由沙漠艺术宫、沙雕园、沙漠火车及沙漠民俗观光带组成。在这里，小朋友们可以欣赏到大型的民俗表演、大型沙雕作品，也可以参与体操、沙滩排球、沙画和沙雕创作等活动，还可以乘坐沙漠小火车欣赏大漠美景，可谓欢乐无限。

休闲之村——福沙岛

在悦沙岛玩累了，丢丢一家来到福沙岛，美美地饱餐了一顿自助烧烤，然后，还在泳池里畅游了一番，幸福的笑容洋溢在他们每一个人的脸上。

结束快乐沙海之旅，丢丢有了这样一个感悟：沙漠虽然荒芜，却能带给人们别样的美。

景点介绍：

福沙岛是响沙湾景区的休闲世界。在这里，小朋友们可以像蒙古人那样，体验蒙古族的生活方式，可以在野外自助烧烤、乘坐勒勒车、住蒙古包、品尝蒙古族的美食。

旅行贴士

在沙漠中徒步行走的时候，要想走得舒服，就应该穿上一双合适的鞋子，鞋底不能太软，否则行走时间长了脚会很不舒服。而且，在鞋子外面一定要有防沙套，不然的话，一旦鞋子里进了沙子，要不了一会儿工夫，脚就会被磨破。

内蒙古

丢丢的"一代天骄"寻踪之旅——成吉思汗陵

看完电视剧《一代天骄》，丢丢迫切想深入了解成吉思汗。假期来临，他和爸爸妈妈来到成吉思汗陵旅游区，开始了"一代天骄"寻踪之旅。

旅游胜地——成陵旅游区

在旅游区石牌坊前，大熊爸爸问："丢丢，关于这个旅游区的资料都查过吗？"丢丢说："当然查过，全记在脑子里了。"说着，丢丢开始介绍起来。

景点介绍：

成吉思汗陵（也叫成陵）旅游区位于内蒙古鄂尔多斯市东南部伊金霍洛旗的甘德尔草原，距离包头市 185 千米。旅游区以成吉思汗陵宫为核心，由"三区""两道""八景"组成，景点特色鲜明，民族文化气息浓郁，是世界上唯一以成吉思汗文化为主题的大型文化旅游景区。

别致的"气壮山河"门

进入景区，迎面看到"气壮山河"门，丸子妈妈问："丢丢，这座门像什么？"丢丢认真地看了看，高兴地说："我看出来了，是个'山'字。"丸子妈妈笑着点了点头。

景点介绍：

"气壮山河"门是景区入口。门中间的雕像是成吉思汗手持苏勒德(长矛)，跃马挺立的形象，威武无比，有21米高。门的两边是三角形的山岩石壁，分别高18米和16米。门的底座一共是27级台阶。站在这座造型别致的门前，你会感到十分震撼。

规模宏大的"铁马金帐"

进入"气壮山河"门，丢丢被一群雕像深深吸引，他跑过去与那些铁骑合影留念。黑豆似乎也很兴奋，冲着那些铁马"汪汪"地叫着。

景点介绍：

穿过"气壮山河"门，就是"铁马

金帐"群雕。它是一支由钢铁雕塑而成的骑兵和铁牛拉的大帐组成的庞大队伍，共有385尊雕像、5座金帐，中间黄色大帐为成吉思汗中军帐，按照1：1.5的比例雕塑而成。雕像形态各异，栩栩如生，生动再现了当年成吉思汗出征的场面。

造型奇特的博物馆

在蒙古历史文化博物馆外，丢丢说："爸爸，这座建筑好奇特啊！"大熊爸爸说："没错，它是按照一个蒙古文字建造的。"丢丢问："什么字？"大熊爸爸卖了一个关子，说："自己上网查查看。"

景点介绍：

蒙古历史文化博物馆是世界首座大型蒙古历史文化专题博物馆，展厅面积5800平方米。俯瞰博物馆，你会发现它造型奇特，竟然是蒙古文字"汗"的形状。馆内陈列着很多展现蒙古历史和文化的展品，特别是元朝时期蒙古族的兵器，称得上是文物精品。

雄伟壮观的成陵宫殿

进入成陵宫殿，大熊爸爸开始给丢丢介绍起成吉思汗陵的情况，他说："这是一个衣冠冢。"丢丢问："什么是衣冠冢？""就是只葬有死者衣冠等物品，而没有死者遗体的墓葬。"大熊爸爸解释道。

景点介绍：

成陵宫殿由正殿、寝宫、东殿、西殿、东过厅、西过厅等六部分组成，占地55000平方米，雄伟壮观。正殿中央立有成吉思汗汉白玉雕像，高达4.3米，雕像背景是横跨欧亚大陆的元帝国疆域图。寝宫现为祭祀和拜谒成吉思汗的地方，里面的酥油灯常年不熄。其实，这里只是成吉思汗的衣冠冢，其真身葬在何处，仍是一个迷。

点击历史：

成吉思汗陵究竟有多少座

1227年，成吉思汗在六盘山去世，享年66岁，葬于今天蒙古国境内的肯特山起撵谷。蒙古族盛行"密葬"，所以成吉思汗的真身一直没有人知道葬在何处。据说在蒙古草原上有38座成吉思汗的疑冢，而这座位于伊金霍洛旗的衣冠冢是其中最著名的一座。

神圣的苏勒德祭坛

站在苏勒德祭坛下，望着直指苍天的长矛（苏勒德），丢丢问："据说，那长矛上的缨子是很有讲究的，是吗？"丸子妈

妈没等大熊爸爸开口,抢着说:"没错,据说是由 99 匹公马的马鬃制成的。"

景点介绍:

苏勒德祭坛是供奉成吉思汗所向无敌的哈日苏勒德(黑神矛)的台基。哈日苏勒德是成吉思汗勇往直前精神和力量的象征。苏勒德祭坛有 15.4 米高,直径为 54 米。苏勒德祭坛除供奉哈日苏勒德之外,还供奉着一柄阿拉格苏勒德(花神矛)。

特色酒店天骄大营

在成吉思汗陵游览了半天,大家都饿了。他们来到天骄大营,不仅填饱了肚子,还欣赏到了精彩的民族舞蹈。然后,丢丢一家结束了这次"一代天骄"寻踪之旅。丢丢想,自己长大后,一定要去寻找成吉思汗真身的下落。

景点介绍:

天骄大营是成吉思汗陵旅游区的星级酒店,仿照历史记载的成吉思汗军事大营而建,主要由各种宫帐式建筑群组成。在这里,小朋友们不仅可以品尝到蒙古族的风味食品,还可以观赏元代大型宫廷歌舞和鄂尔多斯民族歌舞。

号外链接:

毛主席评价成吉思汗

作为国家领袖,最理想的应该具有"文韬武略",也就是既能文,又能武,文武全才。毛主席认为,成吉思汗是历史上名声显赫的军事统帅,可以说是"武略"超群,但是文采不足。所以,毛主席在词作《沁园春·雪》中写道:"一代天骄,成吉思汗,只识弯弓射大雕。"这非常传神地表现了成吉思汗只恃武功而不知文治的形象。

旅行贴士

1. 草原昼夜温差很大,去旅游时,要多带点儿长袖衣物,根据气温变化随时增减。

2. 蒙古高原紫外线很强,去旅游时一定要做好防晒准备。